JULIANE LAUTERBACH

Windeln, Wahnsinn, Wochenbett

Inhaltsverzeichnis

Vorwort 7

Januar. Päckchen packen 9

Februar. Wandertage 25

März. Musikgarten 45

April. Große Freiheit 53

Mai. Das erste Mal 69

Juni. Patatas Bravas 85

Juli. Hören und Sagen 115

August. Bella Fontanella 123

September. Die Stufen 145

Oktober. Die Sirene 157

November. Struktur 171

Dezember. Aramsamsam 187

Experten-Tipps zum Stillen,
zur Paarbeziehung als Eltern und
zur Baby-Gesundheit 211

Weiterführende Adressen 222

Vorwort

Liebe Leserin,

zuallererst: herzlichen Glückwunsch! Denn wenn du dieses Buch in den Händen hältst, dann bist du wahrscheinlich schwanger oder dein Baby ist vor Kurzem auf die Welt gekommen.

Vor dir liegt nun eine ganz besondere Zeit und das vielleicht aufregendste Jahr deines Lebens. Auch bei mir ist das noch gar nicht so lange her (obwohl es stimmt: Die Zeit geht so schnell vorbei). Ich habe die ersten zwölf Monate mit meinem Baby als sehr intensiv empfunden. Nie hat sich mein Leben so radikal verändert wie in dieser Phase, in der Tränen der unsagbar großen Freude und der ebenso großen Erschöpfung so nah beieinanderlagen.

Aus dieser ganz besonderen Lebensphase möchte ich in diesem Buch erzählen. Und zwar in zwölf Geschichten – eine für jeden Monat des neuen Lebensjahres als Mama. Ob sich die Geschichten alle genau so zugetragen haben? Nein, das haben sie nicht. Also alles frei erfunden? Auch das wäre falsch. Denn: Die Geschichten haben einen wahren Kern, haben reale Momente und Erlebnisse als Grundlage.

Viel wichtiger ist aus meiner Sicht aber: Alle meine Protagonistinnen sind Heldinnen, auch wenn sie Ängste haben, helikoptern, aufgeregt und verunsichert sind, über das Ziel hinausschießen, manchmal gegen Wände laufen, sie sich verzetteln und ihre Rolle in diesem verrückten neuen Leben manchmal noch finden müssen. Gemeinsam haben sie, dass sie alle ihr Bestes geben. Und ich finde, dass das sehr viel ist!

Juliane Lauterbach

Januar. Päckchen packen

Sie hatte sich ja so einiges vorgestellt. Aber dass man am Ende an so einer Art Päckchenstation landen würde, das hatte sie irgendwie nicht gedacht. Obwohl das mit dem „am Ende" natürlich Quatsch ist. Rabea ist schließlich erst am Anfang. Ganz am Anfang.

Und so muss sie sich gerade sehr konzentrieren, um sich das alles zu merken. Die Hebamme neben ihr beginnt jetzt jedenfalls damit, eine Stoffwindel um Lenny zu wickeln. Und weil das offenbar doch komplizierter ist, als Päckchen zu packen, hatte die Hebamme ihr empfohlen, das Ganze mit der Videokamera des Handys festzuhalten. Rabea drückt auf „aufnehmen" und verfolgt auf dem Display, wie die Hebamme den rechten Zipfel der Stoffwindel stramm zieht und über Lennys Körper spannt. Pucken heißt das, wie sie gerade gelernt hat.

Das Prinzip: Man wickelt das Kind stramm in die Stoffwindel ein, erzeugt so Enge und Begrenztheit und damit ein Gefühl wie im Mutterleib. Das soll Babys ruhiger machen, sagt man jedenfalls. Und weil Rabea hofft, dass das stimmt, steht sie jetzt hier im Hebammenzimmer der Neugeborenenstation, kneift die Augen zusammen und versucht, sich die Bewegungen einzuprägen. Für später, wenn sie wieder zu Hause ist. Falsch. Wenn sie wieder zu Hause *sind*.

„Sie müssen bei so einem wilden Kind, das nicht zur Ruhe kommt, wirklich immer aufpassen. Das fällt ihnen sonst vom Wickeltisch runter", sagt die Hebamme, während Lenny Stück für Stück in der Stoffwindel verschwindet und bald nur noch sein brüllender, hochroter Kopf oben rausguckt.

Ein wildes Kind, das nicht zur Ruhe kommt. Ist Lenny das wirklich? Kann man das jetzt überhaupt schon sagen? Er ist doch noch keine drei Tage alt. Aber immer wenn die Hebamme oben mit dem Einwickeln fertig ist, hat sich Lenny unten schon wieder freigestrampelt.

Rabea hat das Gefühl, dass irgendwas nicht richtig rundläuft. Das fing schon bei der Geburt an. Auch die hatte sie sich anders vorgestellt. Bei der Geburtsanmeldung im Krankenhaus vor einigen Wochen sollte sie jedenfalls sagen, was sie sich für eine Geburt wünscht. Also mit Schmerzmitteln oder ohne? Mit PDA? Darf Lachgas eingesetzt werden? Gibt es eine Beleghebamme, die dazukommt? Oder, besonders schön: Ist die „Turnhalle" gewünscht?

Turnhalle? Da musste Rabea dann doch nachfragen. Sie erfuhr, dass das der Spezial-Kreißsaal mit XXL-Bett ist, über dem eine hübsche Auswahl Taue und Seile gespannt sind. So seien alle Gebärpositionen möglich, wirklich alle.

Wenn sie dann am Tag X unter Schmerzen in den Kreißsaal käme, wäre es jedenfalls gut, wenn alles hinterlegt sei, damit sich alle gut und schnell auf die Situation einstellen könnten. Und natürlich hatte sich Rabea schon ein paar Gedanken gemacht und ein wenig gelesen. Aber wie bei absolut jeder Frage in der Schwangerschaft schien auch die Art der Geburt eine Grundsatzfrage zu sein oder vielmehr eine Glaubensfrage.

Also entweder ist man gegen die Einnahme von Schmerzmitteln („Kann ja nicht sein, dass man die ganze Schwangerschaft über keine Kopfschmerztablette nehmen darf und in den letzten zwei Stunden ist es dann egal?!") oder man sagt von Anfang an, dass man hier echt niemandem was beweisen muss und dass das Kind zum Zeitpunkt der Geburt schon so robust ist, dass es ungefährlich ist und man bitte alles bekommen möge, was nicht ausdrücklich verboten ist, um die Schmerzen zu lindern.

Rabea fand es schwer, das alles für sich zu beantworten, was vor allen Dingen daran lag, dass es in der ganzen Rechnung eine große Unbekannte gab: den Grad der Schmerzen. Ausschließen konnte sie im Grunde nur die „Turnhalle", weil sie nicht wusste, warum sie gerade unter der Geburt mit dem Turnen anfangen sollte, was sie immer gehasst hatte. Sie versuchte also, logisch vorzugehen und stellte sich sehr starke Menstruationsschmerzen plus Blasenentzündung vor und überlegte, wonach ihr dann wäre, und dann fragte sie die Ärztin, die das Vorgespräch führte, was denn von einer Wassergeburt zu halten sei.

„Bravo", sagte die Ärztin, „das ist eine tolle Sache, und drei unserer Kreißsäle haben spezielle Geburtswannen, die Sie sehr gerne nutzen können." Das warme Wasser würde die Schmerzen nämlich erträglicher machen, die Geburten würden in der Regel schneller und meist ohne irgendwelche fiesen Schnitte und Risse verlaufen. „Klingt super", sagte Rabea, „aber wieso genau machen das dann nicht alle?"

„Es gibt auch Nachteile bei der Wassergeburt", sagte die Ärztin dann. „Zum Beispiel ist dann eine PDA nicht möglich, also dieser Schmerzkatheter über das Rückenmark." Allein die Vorstellung, dass Rabea jemand eine ziemlich lange und dicke Nadel ins Rückenmark stechen würde, bewirkte, dass ihr Bauch steinhart wurde. „Dann nehm ich doch die Badewanne!", sagte sie. „Sehr gut", meinte die Ärztin. „Wir freuen uns immer, wenn Patientinnen sich für die Wassergeburt entscheiden." Als Rabea das Krankenhaus verließ, fühlte sie sich, als hätte sie gut beraten eine richtige Kaufentscheidung getroffen, und sah vor ihrem inneren Auge schon, wie ihr Sohn ihr mit einem leichten Lächeln im warmen Wasser entgegentauchen würde.

Als sie rund sechs Wochen später wieder ins Krankenhaus kam, sah sie das etwas anders. Rabea war sofort nach dem Blasensprung mit ihrem Freund Tobi ins Auto gestiegen. Die 20-minütige Fahrt ins Krankenhaus war ihr vorgekommen wie eine nicht enden wollende Irrfahrt. Immer wenn die Wehen kamen, hatte sie das Gefühl zu zerspringen, und das Auto fühlte sich an wie ein Korsett, zu klein und zu eng, um die Schmerzen auszuhalten. Jede rote Ampel und jeder noch so gemütliche und korrekte Fahrradfahrer schien ihr ein Hindernis, das man einfach umfahren sollte.

Zum Glück fanden sie direkt vor dem Krankenhauseingang einen Parkplatz und warteten im Auto erst mal das Ende der nächsten Wehe ab. Dann hakte Tobi sie unter und führte sie in Richtung Kreißsaal. Immerhin hatte er sich den Weg gemerkt. Rabea sah nämlich nichts mehr, konnte nicht mehr denken, geschweige denn, sich auf den Krankenhausfluren orientieren. Sie drückte an die Klingel an der Kreißsaaltür und eine Hebamme ließ sie rein. Name? Alle Unterlagen da? „Rabea Bauer", keuchte sie, „liegt alles vor." „Ach, Frau Bauer, dann sind Sie das mit der Wassergeburt?", strahlte sie die Hebamme an, als wäre sie die 100 000. Besucherin und würde gleich als Preis in ein Sprudelbad gelassen werden.

In dem Moment durchfuhr Rabea eine Wehe einer bisher ungeahnten Intensität. „Wassergeburt?!", schrie sie. „Was auch immer da steht. Ich bin nicht die mit der Wassergeburt. Ich bin die mit der PDA." Und so war Lenny ihr dann doch nicht im warmen Wasser entgegengetaucht. Und alles andere war auch exakt so, wie sie es nicht hatte haben wollen, mit Saugglocke und allem Drum und Dran.

Und deshalb hat Lenny nun auch diesen Saugglockenkopf, der so aussieht, als würde ihm ein zweiter Kopf auf seinem Kopf wachsen. Die Krankenhausfotografin war jedenfalls gar nicht erst zu ihr ans Bett gekommen, um ihr das erste Babyfoto-Shooting anzubieten.

Dieser ganze Fragequatsch war einfach verdammt sinnlos, findet Rabea im Nachhinein. Es ist, als ob man jemanden, der noch nie in einem Flugzeug geflogen ist, fragen würde, ob er Beruhigungstabletten brauche, eine Spucktüte oder einfach nur eine Nackenrolle.

Sollte sie sie jemals ein zweites Kind bekommen, würde sie sich jedenfalls irgendeine Geburtsideologie zulegen, die das Potenzial hat, stärker zu sein als der Schmerz. So viel stand mal fest. Hypnobirthing vielleicht, das ist soweit sie das verstanden hatte, eine Methode, mit der man sich selbst unter der Geburt durch Konzentrationsübungen und Atmung in einen tranceähnlichen Zustand versetzt. Eine Bekannte hatte ihr neulich von einer Bekannten erzählt, die eine Bekannte hatte, die das gemacht hat. Bei der habe das super geklappt. Sie wäre in einem Zustand völligen Friedens mit sich und der Welt gewesen und gleichzeitig hoch konzentriert auf ihre Atmung. Es habe bisweilen sogar „Spaß gemacht", das Kind „auf seinem Weg auf die Welt zu begleiten". Ja, das soll sie wirklich so gesagt haben.

Rabea würde definitiv noch eine Weile brauchen, bis sie Sätze, die die Wörter Spaß UND Geburt beinhalten, ertragen könnte. Bei längerem Darübernachdenken hält sie es im Grunde für wahrscheinlicher, dass das Bundesfamilienministerium Frauen durchs Land schickt, um solche Propagandageschichten zu verbreiten und dadurch die Geburtenrate zu erhöhen, als dass die Sache mit dem Spaß und der Geburt wirklich wahr sein könnte.

„Frau Bauer, sind Sie noch bei uns?" Rabea hatte nicht bemerkt, dass sie offenbar eine ganze Weile schon ihre Fußnägel und nicht Lenny gefilmt hat. Schnell richtet sie das Objektiv wieder auf den Wickeltisch. Aber allem Anschein nach hat sie keine entscheidende Sequenz für ihr „YouTube-Tutorial: Pucken Schritt für Schritt" verpasst. Statt eines zufrieden verpackten Babys sieht sie auf dem Display, wie sich die Hebamme ein paar Schweißperlen von der Stirn wischt. „Du bist aber ein kleiner Wilder", sagt sie, atmet schwer aus und fängt noch mal von vorne an.

Rabea steht einfach da und würde gerne etwas dazu sagen, etwas Entschuldigendes oder Hilfreiches, aber sie weiß einfach nicht, was. Sie fühlt sich in diesem Moment wie eine Säule mit einem Fehler in der Statik. Sie wankt leicht und schaut an sich herunter. Die Satinhose und das Stilltop hat sie sich kurz vor der Geburt gekauft, weil sie sich schnell wieder schön fühlen wollte. Und um ein Zeichen zu setzen: Ich bin keine Mama, die sich gehen lässt. Ich bin eine Frau, die auf sich achtet, auch wenn ich jetzt ein Kind habe.

Und so war Rabea dann losgezogen und hatte diese Hose gekauft für 80 Euro und das Top mit Spitze für 50 Euro, und weil sie nicht wusste, wann sie wieder in die Innenstadt kommen würde, hatte sie sich auch noch rasch ihre Fußnägel machen lassen in einem dieser Pedikürestudios, deren Existenzberechtigung ihr erst in der Spätschwangerschaft so richtig klar geworden war. Dann, als ihre eigenen Füße längst in unerreichbare Ferne gerückt waren. Also nahm sie auf einem Pedikürestuhl Platz und ließ sich die Fußnägel erst schneiden und feilen und dann mit „Classic clear Strawberry" bepinseln.

Kaum, dass der Lack trocken war, hatten die Wehen eingesetzt. Und jetzt steht sie da, in ihrem 130-Euro-Postgeburtslook im Hebammenzimmer und kommt sich vor, als stehe sie in einem bodenlangen Abendkleid auf einer Baustelle.

Bevor sie Mutter war, also noch gerade eben, hatte sie gedacht, Babys seien einfach so, wie Babys halt so sind; ziemlich verpennt, ziemlich schrumpelig, und vor allem irgendwie unbeschrieben. Ein Vakuum, in das man bloß ganz viel Liebe pumpen muss und dann würde der Rest schon irgendwie funktionieren. Aber das mit Lenny, das klingt gerade nicht nach Vakuum. Sondern nach Problem.

Besonders für ihre pedikürten Fußnägel schämt sie sich jetzt. Was soll man denn bloß mit solchen Nägeln, wenn dein Kind immer schreit, denkt sie. Die andere Mutter, mit der sie sich das Zimmer teilt, trägt eine ausgebeulte Trainingshose. Und pedikürte Fußnägel hat sie auch nicht.

Die würde bei ihr sowieso niemand sehen, denn ihre Zimmergenossin liegt eigentlich immerzu im Bett neben ihrem schlafenden Baby und ruht sich aus. Mit ihrem Yin-Yang-Anhänger und ihrem milden Blick. Genau so einen Yin-Yang-Anhänger hat sie neulich noch gesehen bei irgendjemandem und weiß noch ganz genau, wie erstaunt sie war, dass es dieses Accessoire ganz offenbar noch irgendwo zu kaufen gibt.

Die Yin-Yang-Frau liegt jedenfalls immer in ihrem Bett, als wäre sie zum Spaß hier, wie zur Ayurveda-Kur in Indien oder als ob gleich die Chinamassage-Frau für sie reinkäme. Oder hat sie es mit dem Hypnobirthing vielleicht einfach etwas übertrieben und ist aus der Hypnose noch nicht wieder aufgewacht?

Rabea hat jedenfalls das Gefühl, dass sie im Gegensatz zu ihr irgendwie ständig irgendwas zu erledigen hat. Seitdem Lenny da ist, ist sie jedenfalls immerzu auf den Beinen, um irgendein Problem zu lösen. Jetzt zum Beispiel würde sie am liebsten das Problem mit diesem peinlichen Strawberry-Lack lösen und die Hebammen fragen, ob sie vielleicht auch Notfall-Nagellackentferner auf der Station haben.

Die Hebamme, die seit einer halben Stunde versucht, aus Lenny ein Päckchen zu machen, sieht mittlerweile irgendwie abgekämpft aus. „Also Frau Bauer, das wird hier nichts", sagt sie und legt die Stoffwindel beiseite. „Eigentlich sollte das Kind jetzt so eingepackt sein", sagt sie und zeigt auf ein kleines Bild, das über dem Wickeltisch hängt. Ein Baby mit geschlossenen Augen und einem leichten Lächeln, zu einem hübschen Päckchen verpackt. Schleife drum und fertig.

„Wir versuchen das morgen noch mal", sagt sie, und Rabea ist sich nicht ganz sicher, ob das nach einem freundlichen Angebot oder einer Drohung klingt. Sie müsse sich aber keine Sorgen machen, sagt die Hebamme. „Nicht alle Kinder mögen das Pucken. Ihr Lenny braucht jetzt vor allen Dingen Sie und ganz viel Wärme und Ruhe."

Rabea nimmt ihren strampelnden Lenny hoch. Er schreit wieder. Oder immer noch. Rabea lächelt die Hebamme verunsichert an und legt ihren Sohn in ihre Armbeuge. Und dann bloß schnell raus aus diesem Hebammenzimmer, raus auf den Flur, Richtung Teeküche. Sie setzt bewusst einen Schritt vor den anderen. Lenny brüllt. Auf diesen paar Metern bis zur

Teeküche der Entbindungsstation lernt Rabea das, was sie in den nächsten Monaten noch oft machen wird – durch Menschen hindurchzuschauen. Rabea öffnet die Tür der Teeküche und ist froh, dass keine andere Mutter da ist. Sie setzt sich und öffnet ihr Stilltop, als hätte sie im Leben nie etwas anderes gemacht, und dockt Lenny an. An die Milchbar, so sagen die meisten Mütter hier. Milchbar. Ist das die Art Humor, die sie noch lernen muss?

Irgendwann wechselt Rabea die Brust, und als auch auf der linken Seite nichts mehr geht, klippt sie ihr 50-Euro-Top zu und nimmt Lenny wieder auf den Arm. Er beginnt wieder zu weinen. Ganz ohne Tränen, aber mit einem Gesicht, so hilfesuchend und verzweifelt, dass sie nun auch weinen muss. So kann sie auf keinen Fall zurück auf ihr Zimmer. Sie will nicht, dass die Yin-Yang sie so sieht. Und sie will auch das Yin-Yang-Baby nicht sehen, das so normal verpennt ist. Und schrumpelig. Und so lässt sie das Abendessen verstreichen und holt noch einmal die rechte Brust heraus.

Es muss einige Zeit vergangen sein, als Rabea aus ihrem Dämmerzustand von einem lähmenden Schmerz im rechten Arm aufwacht. Sie sitzt immer noch in der Teeküche. Ihre Tränen kleben trocken auf der Wange. Lenny ist beim Trinken eingeschlafen. Jetzt nur nicht bewegen, sonst wacht er wieder auf.

Ach was, denkt sie dann: Sie braucht den Schlaf ja auch. In Millimeterarbeit hievt sie sich aus dem Stuhl hinauf in den Stand. Rabea hält den Atem an. Immer noch kein Weinen. Es ist kurz vor Mitternacht. Jetzt, wo es dunkel ist und ihr Baby ruhig, traut sie sich in ihr Zimmer zurück. Wieder nur einen vorsichtigen Schritt vor den anderen, immer schön darauf bedacht, den Armwinkel nicht zu verändern.

Eierlaufen konnte ich schon früher sehr gut, denkt sie fast ein bisschen stolz, als es ihr gelingt, ohne sichtbare Lageveränderung ihres Babys die Tür zu ihrem Zimmer zu öffnen. Sie tapst hinein, Schritt für Schritt zu ihrem Bett am Fenster. Vom Nebenbett hört sie das andere Neugeborene atmen, seine Mutter schnarcht, leise und erschöpft. Rabea setzt sich auf die Bettkante, dreht sich und lässt sich langsam nach hinten gleiten. Sie kommt auf dem Rücken zum Liegen. Lennys Lage ist weiterhin unverändert in ihrer Armbeuge. Das Kopfteil des Bettes ist noch auf Schräglage gestellt, aber sie ist zu müde, um sich zu erinnern, wie man das ändert. Durch die Fenster kann sie nun den Vollmond sehen. Und als sich ihre Augen an die Dunkelheit gewöhnt haben, reicht das Mondlicht, um das Gesicht von Lenny sehen zu können. Er atmet so ruhig und sein kleiner Körper ist so schwach und krumm, dass ihr jetzt alles leidtut, ihre ganze eigene Hilflosigkeit.

Am nächsten Morgen liegen Rabea und Lenny noch genauso da, wie sie eingeschlafen waren. Sie rückt ihren rechten Arm etwas zurecht und genießt das Kribbeln, als mit dem einströmenden Blut das Gefühl zurückkehrt. Von der Nacht hat sie nicht viel mitbekommen. Nur ab und zu hatte sich im Nebenbett etwas gerührt. Das Yin-Yang-Baby war wohl aufgewacht und Hypno-Mama war dann mit ihrem Nachwuchs raus. Wahrscheinlich in diesen Stillraum. Sehr rücksichtsvoll, dachte Rabea, dass sie ihr etwas Ruhe gönnte. Auch, wenn Rabea das nur im Halbschlaf mitbekommen hatte, konnte sie sich ein kleines, gemeines Lächeln nicht verkneifen. Andere Babys quengeln also auch, na bitte, und ihr eigenes schläft immerhin schon durch. Mit dem wohligen Gefühl, dass sich am Ende doch irgendwie alles zurechtruckelt, war sie jedenfalls immer wieder eingeschlafen.

Und deshalb fühlt sie sich tatsächlich nun einigermaßen erholt. Lenny schlummert immer noch. Sie rechnet kurz nach. Sieben Stunden, dann lächelt sie wieder und dann noch mal, als sie ihre pinken Fußnägel unter der Decke hervorlugen sieht. Bringen die Hebammen eigentlich auch Kaffee? Oder gar einen schönen Latte macchiato? Oder wo bekommt man den her? Sie strotzt plötzlich vor Kraft und freut sich, als die Tür aufgeht. Vielleicht ihr Mann Tobi? Sie hat ganz vergessen, aufs Handy zu schauen, und hofft, dass er es ist.

Er würde sich sicher über den Erfolg der Nacht freuen. Und Kaffee bringen könnte er ihr auch. Aber es ist nicht Tobi, sondern diese Hebamme, Martha oder Margit oder wie die heißt.

Aber Martha oder Margit schaut nicht freundlich. Und sie steuert leider geradewegs auf sie zu. Rabea blickt auf Lenny, der sich gerade aus ihrem Arm zu schälen versucht.

Oh mein Gott, ich bin mit meinem Baby auf dem Arm eingeschlafen, denkt Rabea. Das ist bestimmt nicht erlaubt, weil er hätte runterfallen können. Das haben sie einem bestimmt irgendwann gesagt, und sicher hängt neben dem Bett sogar ein Schild mit einem durchgestrichenen Baby drauf oder so.

„Ich bin einfach eingeschlafen, aber ich hatte ihn immer fest im Arm", sagt Rabea vorauseilend. Die Hebamme schaut irritiert. „Frau Bauer, wo waren Sie denn die ganze Nacht?" Rabea versteht die Frage nicht. Das hatte sie doch gerade gesagt. „Also in der Disko jedenfalls nicht", sagt Rabea und bereut den Satz sofort. „Wann haben Sie Ihr Kind zuletzt gestillt? Die Nachtschwestern sagen, Sie hätten sich kein einziges Mal gemeldet?"

Das war gestern Abend in der Teeküche, denkt Rabea. „Ja, das muss so um 23 Uhr rum gewesen sein, aber seitdem hat er prima geschlafen." Eigentlich würde Rabea gerne noch davon erzählen, dass auch sie fabelhaft geschlafen hat, aber sie wird das Gefühl nicht los, dass die Hebamme das nicht hören möchte. „Sie können doch nicht Ihr Kind sieben Stunden lang nicht stillen", sagt Martha oder Margit und klingt dabei so streng, als wäre Rabea mit Lenny ohne auf den Verkehr zu achten über eine sechsspurige Straße gelaufen. „Sonst kommt doch der Milchfluss nicht in Gang, Frau Bauer!" Die Hebamme reißt die Augen auf und auch Yin-Yang blickt wieder so wissend rüber.

In was für einem Kurs waren die eigentlich alle? Was habe ich an „Stillen nach Bedarf" nicht verstanden? Und wieso müssen die mich jetzt so angucken?

Der einzige Erfolg, den Rabea bis gerade eben noch verbuchen konnte – nämlich den einer ruhigen Nacht –, ist zerplatzt. Stattdessen eine weitere Niederlage. Und wenn Tobi gleich kommt, kann sie ihm auch nichts von der Nacht erzählen, weil wahrscheinlich sogar er wusste, dass Babys alle zwei Stunden gestillt werden *müssen*.

Rabea ist froh, als bei der Hebamme nun irgendwas piept, was wohl bedeutet, dass noch irgendetwas ähnlich Schlimmes oder gar etwas noch Schlimmeres passiert sein muss als ein Säugling, der die Nacht durchgeschlafen hat. Jedenfalls verlässt sie nun eilig das Zimmer.

Die Yin-Yang schaut immer noch. Und plötzlich erinnert sich Rabea, woher sie den Anhänger und den Blick dazu kennt. Aus dem Geburtsvorbereitungskurs. Kein Wunder, dass Rabea nicht gleich drauf gekommen ist. Sie war zwar tatsächlich jede Woche da, aber oftmals auch nur so halb anwesend. Meine Güte, was war das für ein hektischer Haufen. Und was die für

Fragen gestellt haben. Obwohl – eine von den Fragen war ja garantiert, ob man sein schlafendes Kind zum Stillen weckt und ob man darüber dann am besten jede diensthabende Stationsschwester informieren sollte, damit keiner denkt, man habe einfach gepennt.

Irgendeine in dem Kurs hatte jedenfalls allen Ernstes gefragt, ob sie nach der Geburt noch etwas länger im Kreißsaal bleiben könnte, um ein Geburtsmandala für ihr Kind zu legen, eine andere, ob sie den Mutterkuchen mit nach Hause nehmen dürfte, und das Küken im Kurs, eine Studentin (irgendwas mit Medien) wollte wissen, ob es eine Höchstzahl für die Angehörigen und Freunde gäbe, die bei der Geburt dabei sein können. Je mehr, desto besser, meinte sie. Wegen der Insta-Story und so.

Die Kursleiterin hatte darauf keine Antwort gehabt. Obwohl sie sich erinnern konnte, dass eine ihrer Schützlinge mal einen Chor mit in den Kreißsaal genommen hatte, aber sie wusste nicht mehr, ob es ein Quartett oder ein Gospelchor gewesen war.

Und wenn Rabea jetzt nicht ganz danebenliegt, dann hatte Yin-Yang die Frage mit der Räucherkerze gestellt. Also, ob man die nach der Geburt im Zimmer anmachen könnte. Auch darauf hatte die Kursleiterin keine Antwort parat gehabt. Rabea atmet tief durch die Nase ein und schnuppert in den Raum. Die Antwort ist – zum Glück – ganz offensichtlich: nein.

Im Grunde wäre ihr das jetzt aber auch egal. Dass die Yin-Yang immer so gucken musste, war einfach schlimm. Da war ihr die Mitbewohnerin, die bis gestern da war, ja noch lieber. Die hatte zwar auch ein Baby, das keine Geräusche machte, aber dafür einen Freund, der sich ziemlich häufig zu Wort meldete. Der saß nämlich ab dem Moment, wo sie vom Kreißsaal auf die Station geschoben worden war, am Fußende ihres Bettes und machte Notizen. Und weil er so viel schrieb, dachte Rabea erst, er würde eine Art Wochenbett-Tagebuch schreiben. Doch dann passierte Folgendes: Ihre Zimmernachbarin nahm ihr immerhin auch mal leise quakendes Baby aus dem Beistellbett, knöpfte sich die Bluse auf und wollte es gerade anlegen, als der Schreiberling vom Fußende das Notizbuch in die Luft riss und Stopp rief.

„Stopp, was?", fragte sie.

„Falsche Seite!", sagte er.

Sie fauchte: „Wieso falsche Seite?"

Wieder hielt er das Buch hoch.

„Als du das letzte Mal vor einer Stunde gestillt hast, hab ich mir ‚rechts' notiert, dann müsste jetzt doch links drankommen. Von daher hast du gerade die falsche Seite rausgeholt."

Es war einer der seltenen Momente, in dem Rabea ganz froh darüber war, dass ihre einzige Sorge ein brüllendes Baby war. Das schien ihr im Vergleich bewältigbar. Und es war einer der seltenen Momente, in denen Rabea auch mal doof rüberguckte. Die Situation war wie im Zoo oder auf RTL2. Das musste man ja mal gesehen haben. Einen Milchbürokraten, einen Stillstreber, einen Brustkontrolleur.

Die Frage war doch: Hatte er sich das vorgenommen? Buch über die Brustzuführung der Mutter seines Kindes zu führen, oder wie gerät man da rein? Man durfte doch davon ausgehen, dass die meisten Männer normalerweise kein Moleskine-Notizbuch in der Tasche haben, das sie spontan für die Dokumentation der Milchrationen zur Hand nehmen können. Das wiederum heißt, dass er sich das Heftchen mit der Absicht gekauft hat, Buch über das Stillverhalten seiner Frau zu führen. Aber wer weiß, worüber er womöglich schon vor der Geburt alles Buch geführt hat. Vielleicht war das ja das geringere Übel.

Am nächsten Tag zogen der Buchführer und seine neue kleine Familie jedenfalls aus. Kurz vorher hatten sie sich allerdings noch darüber gestritten, ob sie, also die Kindsmutter, ihr Neugeborenes ein paar Minuten allein lassen könne, um sich die Haare zu waschen und die Zähne zu putzen. Er fand nein, sie ja. Und dann sagte sie, dass ihr das egal sei und dass das außerdem keine Frage gewesen sei, sondern eine Ansage und dass sie ihm rate, sich das in sein – verficktes – Buch einzutragen.

Rabea fragte sich, ob es grundsätzlich eine Marktlücke ist, dass neben Hebammen und Kinderärzten keine Paartherapeuten auf der Neugeborenenstation arbeiten. Dabei könnten sie hier für die Situationen einen Grundstock legen, die später noch tausende Male wiederkehren würden. Außerdem haben hier einige Typen offenbar sowieso ein Notizbuch bei sich, um sich endlich mal ein paar Dinge aufzuschreiben, die sie schon immer mal schwarz auf weiß geregelt haben wollten.

Jetzt gerade ist Rabea ganz froh, dass sie nirgends aufgeschrieben hat, welche Brust bei ihr dran ist. Hauptsache, es ist die, mit der sie sich von Yin-Yang wegdrehen kann. Solange die immer so wissend rüberguckt, wird sich Rabea garantiert nicht mehr umdrehen. Außerdem verzieht Lenny auch schon wieder so komisch das Gesicht. So, als würde er gleich ansetzen, den Tag mit einem kräftigen Schrei zu begrüßen, und das sollte Yin-Yang auf keinen Fall sehen.

Also dreht sich Rabea gleich zur Seite und legt ihn an, streicht ihm über den Arm und flüstert: „Gleich geht's wieder zur Paketstation." Und dann sieht es aus, als ob Lenny ein ganz kleines bisschen lächeln würde. Na, immerhin hat er Humor.

Februar. Wandertage

Nur ein kleines Loch zum Atmen hat sich Maria in ihrer Höhle gelassen. Sie will ja niemanden wecken. Es ist 3.45 Uhr in der Nacht und Maria liest auf dem Handy unter der Decke, wie so oft in letzter Zeit. Sophia ist gerade wieder neben ihr eingeschlafen, nachdem Maria ihr die Flasche gegeben hat, ihr Mann Jan liegt am äußersten Rand des Bettes und es klingt, als ob auch er gerade eben eingeschlafen sei.

Manchmal, wenn sie so daliegt zwischen ihrer kleinen neuen Familie, stellt sie sich vor, wie das wohl von oben aussieht. Im Film geht die Kamera ja manchmal hoch und zeigt Vater, Mutter und Kinder, die kreuz und quer gemeinsam im Bett liegen, Arme und Beine so verknotet, dass unklar ist, wem die Gliedmaßen jeweils gehören. Dass dabei alle selig schlafen, versteht sich von selbst. Sie mochte diese Bilder immer.

Und jetzt versucht sie, in ihrer Erinnerung alle diese Szenen durchzugehen, aber sie ist sich ziemlich sicher, dass in den Filmen nie ein leeres Beistellbett danebensteht, in dem das Kind *eigentlich* schlafen sollte. Bei ihnen schon.

Maria und Jan hatten das Beistellbett noch vor der Geburt von ihren Freunden Richard und Beate übernommen. „Das ist wirklich ein super Bett. Unsere Tochter hat es sehr geliebt", haben sie gesagt. Ihre Tochter sei nur leider rausgewachsen. Da sie das Bett aber immer pfleglich behandelt hätten, sei es im Grunde noch fast wie neu.

Jan baute es neben ihrem Ehebett auf, Maria legte noch ein kleines Kissen dazu, auf das sie den Namen Sophia gestickt hatte, und bezog auch das Ehebett mit neuer Bettwäsche. Am ersten Abend, den sie nach der Geburt im Krankenhaus zu Hause verbrachten, legten sie Sophia in das Beistellbett und zogen die Spieluhr auf. Jan und Maria stellten sich neben das Bett, schauten ihre Tochter eine Weile versonnen an und legten sich dann in ihr Ehebett, das erste Mal wieder Arm in Arm und vor allen Dingen ohne einen dicken Bauch dazwischen. Das war einfach herrlich. Ganze fünf Minuten lang zumindest.

Denn dann zeigte Sophia mit all den ihr zur Verfügung stehenden Mitteln, dass sie nicht in ihrem Bett liegen wollte. Und ihre Mittel waren relativ begrenzt: Sie brüllte. Und so nahmen Jan und Maria ihre Tochter zu sich in ihr Ehebett und legten sie erst zurück in das Beistellbett, als sie eingeschlafen war. Doch Sophia fing sofort wieder an zu brüllen und so verbrachte ihre Kleine ihre erste Nacht zu Hause zwischen Mama und Papa im Ehebett. „Wir machen mal eine Ausnahme", flüsterte Jan, bevor sie einschliefen. Und Maria sagte Ja, obwohl sie nicht daran glaubte.

Am zweiten Abend versuchten sie es erneut und auch am dritten und am vierten. Jedes Mal wurde das Umbetten zur Ausnahme erklärt, mal von Jan, mal von Maria. Und irgendwann wurde die Ausnahme zur Regel, ohne dass es von irgendjemandem dazu erklärt wurde. Und Maria findet es im Grunde auch nicht weiter schlimm. Im Gegenteil, eigentlich findet sie es insgeheim sogar ganz schön.

Ihr Schlaf ist ohnehin wacher geworden, und nicht nur Sophia schläft schneller wieder ein, wenn sie neben ihr liegt, sondern auch Maria. Einmal kurz horchen und fühlen, Kind atmet, Kind ist trocken, Kind schläft. Weiterpennen.

Und sie wünschte, Jan könnte das auch. Aber sie hört jede Nacht, dass er es nicht kann. Und sie weiß, dass er sich das alles anders vorgestellt hat. Wie genau, dass weiß sie allerdings auch nicht, weil Maria und Jan nicht besonders gut sind im Sachen-Besprechen. Also im Große-Sachen-Besprechen. Das haben sie noch nie gekonnt. Meistens warten sie einfach so lange, bis sich das Thema, das man besprechen sollte, irgendwie von alleine erledigt hat. In diesem Fall wäre das jedoch vielleicht die falsche Taktik, glaubt Maria. Die anderen Mütter in den Foren sagen jedenfalls, dass es noch dauern könnte, bis Sophia in ihrem eigenen Bettchen schläft.

Maria und Jan, das Gutwetterpaar – so hatte Marias beste Freundin die beiden mal genannt. Ein Paar, bei dem sich jeder von beiden bei schlechtem Wetter unter seinem Schirm verstecken und warten würde, bis die Sonne wieder rauskommt. Dass das Modell bisher durchaus ein Erfolgsmodell war, lag einzig und allein daran, dass es bisher selten geregnet hat, da ist sich Maria inzwischen sicher. Aber wo hätte der Regen auch herkommen sollen?

Maria hatte bis vor der Geburt als Cutterin beim Fernsehen gearbeitet, und das tat sie gerne. Jan ist Journalist im Kulturressort beim Hamburger Generalanzeiger, und auch er mag seinen Beruf. Sie haben eine hübsche Wohnung in Winterhude, sind zweimal im Jahr in den Urlaub geflogen. Im Grunde hatten sie bislang nichts zu beklagen. Oder wenig zumindest.

Knatsch gab es natürlich trotzdem immer wieder mal. Zum Beispiel, wenn Maria ihre Sachen überall rumliegen ließ. Seitdem sie mit Jan zusammenwohnt, hat sie die Chaotin in sich zwar ganz gut gebändigt, aber ab und zu brach sich die Unordnung Bahn und herrenlose Kaffeebecher standen auf Fensterbänken und Bücherregalen, Schuhe nicht im Schuhschrank, sondern irgendwo, und ihre Filmzeitschriften stapelten sich im Wohnzimmer. Was dann passierte, folgte einem immer gleichen Schema. Jan wurde dann einfach grummelig, sagte aber nicht, wieso. Was er auch nicht musste, weil Maria den Grund ja kannte. Und auch, was sie in solch einem Fall zu tun hatte. Dann marschierte sie durch die Wohnung und versuchte, ihre Wege der vergangenen Tage zu rekonstruieren und dabei einfach alles wieder einzusammeln. Und daraufhin war wieder Frieden. Und wenn Maria mal grummelig war, passierte dasselbe. Nur andersherum und aus anderen Gründen.

Dabei ist Maria im Grunde eigentlich nicht wirklich konfliktscheu, hat es aber nun mal gerne harmonisch. Und so liebte sie es insgeheim, wenn sie die ganz besonders kitschigen Filme schneiden durfte. Die, in denen einfach immer die Sonne scheint, Hochzeitsanträge mindestens am Strand gemacht werden und auf den Esstischen immer ein Strauß frischer Tulpen steht. Traumschiff, das wäre was für sie gewesen. Oder Rosamunde Pilcher. Aber in der Daily Soap, die sie drei Jahre betreut hat, wurde immerhin auch recht regelmäßig geheiratet.

In Beziehungen übernimmt Maria stets die Funktion der Waage, die stets um Ausgleich bemüht ist. Das war schon immer so. Und wenn sich Jans Seite nach unten neigte, hat sie meist irgendein Gegengewicht parat gehabt. Wenn Jan maulig war, weil er Stress bei der Arbeit hatte, kochte sie sein Lieblingsessen, wenn er von irgendwelchen verpeilten Freunden genervt war, überraschte sie ihn mit einem Ausflug, wenn er genervt von irgendwas anderem war, zog sie sich etwas Hübsches an und sie landeten im Bett. Es war so einfach – bisher.

Seitdem Sophia da ist, ist das alles etwas komplizierter geworden. Denn Maria hat keine Klötze mehr in der Tasche, die sie schnell auf die Waage schmeißen kann, und keine Zeit mehr, sich darüber Gedanken zu machen, welche das überhaupt sein könnten. Obwohl Zeit vielleicht gar nicht das größte Problem ist. Meist ist sie einfach zu müde.

Und bei der Sache mit dem Bett weiß sie schlicht und einfach auch keine Lösung. Heute ist Jan spät nach Hause gekommen. Bei einem Konzertkritiker ist das oft so. Wenn er früher erst um 23 Uhr zur Tür reinkam, hat Maria noch mit einem Glas Wein auf ihn gewartet. Das ist in letzter Zeit doch sehr selten geworden. Meistens liegen Maria und Sophia schon im Bett, wenn Jan nach Hause kommt. Und dann schleicht sich Jan dazu und kriecht in seine Ecke, und Maria ist froh, wenn er schnell in einen tiefen Schlaf fällt. Doch das kommt leider selten genug vor. Oft wird Sophia genau dann wach, wenn er sich dazulegt. Und oft genug ist dann die Nacht erst mal vorbei, die für Jan noch gar nicht angefangen hat. Maria nimmt sich meistens vor, am nächsten Tag nach einer Lösung zu suchen, nach einem Gewicht, das sie in die Schale werfen könnte, um wieder Ausgleich herzustellen.

Neulich fand sie zumindest eine Art kleines Gewicht in einem Magazin, das im Wartezimmer beim Kinderarzt auslag. Da las sie, dass sie offenbar doch gar nicht gescheitert waren mit ihrem Beistellbett, ganz im Gegenteil. In dem Artikel stand nämlich, dass das Schlafen im Elternbett gar keine Notlösung ist, sondern ein Konzept mit einem Namen und allem Drum und Dran. Co-Sleeping heißt das und bezeichnet dabei die Praxis, bei der Kinder in unmittelbarer Nähe der Eltern schlafen. Damit ist ganz offensichtlich das Schlafen in einem gemeinsamen Bett gemeint. Eltern und Kind liegen so nah beieinander, dass sie „Klänge, Berührungen, Gerüche und Temperatur des anderen wahrnehmen und auf sie reagieren können". Dass das Ganze jetzt auch noch ein Konzept sein soll, das gefiel Maria sehr. Das klang so durchdacht und so wenig nach hineingeschlittert.

So müsste sie zumindest nicht sagen: „Sophia muss bei uns im Bett schlafen, weil das mit dem Babybett nicht klappt", sondern einfach: „Wir praktizieren das Co-Sleeping-Modell."

Natürlich hat sie sofort Jan davon erzählt. „Co-, was?", hat der nur gefragt. „Na, dass wir jetzt alle zusammen in einem Bett schlafen, heißt Co-Sleeping oder Familienbett, und Hebammen und Stillberaterinnen sind sich einig, dass das eine total natürliche Art des Schlafens ist! Viele Kulturen machen das so, die kennen gar kein Babybett und da sagt auch keiner was. So ist das nämlich."

Jan hat nur genickt und geschwiegen.

Seine Fragen konnte Maria trotzdem hören: Wo bleibt man denn dann als Paar? Wie soll man das dem Kind denn wieder abgewöhnen? Und wann?

Maria sieht jetzt jede Nacht, wie schwer Jan sich mit diesem Co-Sleeping tut. Er hatte ja ohnehin schon immer einen schlechten Schlaf. Definitiv keine gute Ausgangslage für diese Art Nachtlager.

Deutlich entspannter wäre es, sie würden dieses verdammte Beistellbett einfach abbauen, damit es nicht immer als Mahnmal des Scheiterns neben dem Elternbett stünde. Es einfach bei den Online-Kleinanzeigen aufgeben und das über ihr Beistell- oder Kinderbett schreiben, was alle Eltern tun: „Das Bett ist wirklich super! Auch die Matratze könnt ihr ohne Weiteres nehmen, weil wir sie so pfleglich behandelt haben."

Maria glaubt inzwischen, dass diese ganze Babybettindustrie im Grunde eine reine Verbrecherbande ist. Und deren Marketingabteilungen die reinsten Gehirnwäsche-Experten. Auf dem Werbefoto ist das Schlafzimmer der Familie hell erleuchtet, die Mutter trägt ein roséfarbenes Negligé; sie gibt ihrem Baby einen Kuss auf die Wange, während sie es neben sich in das Beistellbett legt. Und das Baby schaut sie dabei an, als würde es sagen wollen: Du bist die beste Mama der Welt. Ich liebe es, ohne Decke allein in diesem Babyknast zu liegen, während du nebenan mit Papi kuschelst.

Maria navigiert sich nun unter der Decke auf ihrem Handy durchs Internet. Sie weiß genau, wo sie hinwill. In dieses Forum, in dem sich Mütter über alle möglichen Themen austauschen, die irgendwas mit Babys zu tun haben. Von Pastinakenbrei bis Bäuerchen, von Stilltee bis Stoffwindeln.

Diese Forenbesuche sind bei Maria inzwischen schon fast zum Zwang geworden: Immer wenn sie gerade irgendwo sitzt, und sie sitzt jetzt oft irgendwo, liest sie die Unterhaltungen in diesen Chaträumen mit. Das war nicht von Anfang an so. In den ersten Tagen nach der Geburt las sie zum Beispiel noch tagesaktuelle Nachrichten auf irgendwelchen Newsportalen. Aber irgendwie fühlte sich Nordkorea in dieser Zeit noch weiter weg an als ohnehin schon, und dann landete sie doch wieder beim Pastinakenbrei.

Dabei nimmt sie sich seither jeden Morgen vor, damit mal aufzuhören. Aber irgendwas ist ja immer.

Ist es normal, dass mein Baby dreimal am Tag Stuhlgang hat? Dass es sich schon dreht? Dass es so viel schreit? Dass es schon sieben Kilo wiegt? Dass es nur beim Stillen einschläft? Und heute will Maria eben wissen, wie es die anderen Mütter so halten mit dem Co-Sleeping oder Familienbett oder dem Schlafen allgemein. Das Thema „Co-Sleeping – ja oder nein?" wurde dankenswerterweise von einer Mutter namens Adriana1978 eröffnet:

Mein Mann und ich möchten mit unserer Tochter (sechs Wochen) im Familienbett schlafen, sind aber verunsichert, ob das nicht gefährlich ist wegen Rausfallen und plötzlichem Kindstod und so. Wie macht ihr das?

Conny (mit Bendix, 3, und Ben, 1): „Hallo Adriana1978, mein Mann hat extra ein Co-Sleeping-Bett gebaut, wo wir zu viert drin schlafen. Und bevor jetzt gleich jemand meckert, mein Mann hat auch ein Begrenzungsgitter gebaut."

Streberin, denkt Maria. Sie sieht den fremden Ehemann vor sich; ein gut gebauter Typ wie aus der Davidoff-Werbung, der nicht nur das Geld nach Hause bringt und mal eben noch ein Familienbett baut, sondern vor Ort im Baumarkt sogar auch an ein Begrenzungsgitter denkt. Jan dagegen war neulich daran gescheitert, einen Rauchmelder im Kinderzimmer an die Decke zu dübeln.

Cordula (mit Jesse, 3, und Krümel inside): „Sorry, aber ich hab es schon beim ersten Kind nicht verstanden, warum die Kinder nicht einfach im eigenen Bett neben Mama und Papa schlafen können. Das ist viel sicherer #plötzlicher Kindstod, Ersticken etc. Und beim zweiten Kind werden wir es ganz sicher wieder genauso machen."

Im Grunde könnte Maria jetzt aufhören zu lesen. Sie weiß, was jetzt kommt: Mama1 pöbelt, Mama2 findet, dass man das ja echt nicht so verallgemeinern könne und dass es doch wohl jeder selbst am besten wissen müsse. Mama3 pflichtet ihr bei und sagt, dass das echt nur eine Modeerscheinung sei mit dem Kinderbett und dass früher immer alle gemeinsam in einem Bett geschlafen hätten. Dann meldet sich eine Stillberaterin, die per Copy-and-paste fünf Absätze eingefügt hat, in denen sie anhand von Tierbeispielen erklärt, dass Eltern und Kinder auch in der Natur immer zusammen sind, um dann, quasi als Finale, bei den Elefantenbabys zu landen, die nämlich sterben, wenn man sie von ihren Eltern entfernen würde. Dann kommt Mama4 und sagt, dass Menschen aber keine Elefanten seien und dass das Risiko des plötzlichen Kindstodes im Familienbett deutlich erhöht sei. Mama5 fasst in einer Art Schlusswort zusammen, dass es praktisch an Körperverletzung grenzen würde, weil man sein Kind im Schlaf auch plattwalzen könne. Das würde schließlich in jedem Buch stehen – „Stirnrunzel!" Mama6 findet den Ton spätestens jetzt nicht mehr schön und meint, dass jede Mama intuitiv weiß, was für ihr Kind richtig ist. Sie spricht der ursprünglichen Fragestellerin, von der lange nichts zu hören war, Mut zu.

Maria legt das Handy zur Seite und schließt die Augen. Früher haben Frauen bestimmt ein schlaues oder zumindest schönes Buch gelesen oder einen Film geschaut, statt sich von anderen Müttern kirre machen zu lassen. Oder sie haben einfach mal geschlafen, denkt sie. Was sie an der Sache mit dem Babybett besonders ärgerlich findet, ist – und da ist sie inzwischen fest überzeugt –, dass das ein riesiger Markt ist für ein

Produkt, dessen Zielgruppe, also die Babys, überhaupt kein Interesse daran hat.

Neulich hatte sie mal auf einem Kleinanzeigenportal nach gebrauchten Babybetten geschaut und jedes zweite war nach Angaben der Verkäufer gleichzeitig „heiß geliebt" und „neuwertig". Finde den Fehler! Maria überlegt, ob nicht andere Dinge wichtiger gewesen wären als ein neuwertiges Babybett. Ohropax zum Beispiel. Und vielleicht auch etwas Humor.

Jan wälzt sich nun einigermaßen humorlos hin und her, wobei er dafür nicht besonders viel Platz zur Verfügung hat. Ein Bein hängt, soweit sie das sehen kann, schon halb aus dem Bett raus, und da, wo eigentlich sein Kopf liegen müsste, liegen Sophias Füße. Kurz versucht er, ein wenig Raum zu gewinnen, indem er versucht, Sophias Schlafsack wieder zurück in Richtung Bettmitte zu ziehen, lässt es aber schnell wieder, weil Sophia sofort wieder so komische Geräusche macht. Jan seufzt.

Maria lässt die Kamera in ihrem Kopf wieder hochfahren, das ist mittlerweile längst eine Art Spleen von ihr geworden. Und bei dieser Kameraeinstellung ist sie sich nun ganz sicher, dass dieses Bild garantiert niemand gerne in einem Film sehen würde. Überall Windeln, Spucktücher, Nachtlichter, Fläschchen. Ihr Bett ist kein Ehebett mehr, sondern ein Versorgungslager. Die Nacht ist keine Nacht mehr, sondern Kernarbeitszeit ohne Zuschläge. Und sie können weder einen Betriebsrat einschalten noch streiken.

Maria linst zum Wecker auf dem Nachttisch. 4.30 Uhr. Jetzt würde es sich eh nicht mehr lohnen, einzuschlafen. Und tatsächlich beginnt Sophia genau in diesem Moment, leise rumzumuckeln. Jan dreht sich auf die andere Seite, während

Maria hofft, dass es schnell geht mit dem Beruhigen und dass im Familienbett rasch wieder Ruhe einkehrt.

Doch es klappt einfach nicht. Sophia will ihr Fläschchen nicht, den Schnuller auch nicht, gar nichts will sie. Da steht Jan auf und geht. Wortlos, leise, aber irgendwie entschlossen. Und dann hört sie, wie die Tür zum Wohnzimmer aufgeht und er das Sofa auszieht. Sie fragt sich, ob das jetzt der Anfang von irgendetwas ist und ob er wiederkommen wird und wann. Sophia weint immer noch. Sie nimmt Sophia auf den Arm, verlässt das Zimmer und wandert über den Flur. Hin und zurück und hin und zurück und hin und zurück.

Eine Freundin hatte ihr noch vor der Geburt erzählt, dass mit einem Baby die Zeit der Wanderungen beginnen würde. Damals hatte Maria nicht verstanden, was damit gemeint war. Aber jetzt ahnt sie es. Eltern müssen wandern. Weil sie Platz für sich suchen und Ruhe. Sie wandern ihre Babys in den Schlaf, sie wandern Trampelpfade in Wohnungsflure, sie wandern in Gedanken, weil ihr Bewegungsradius in der Realität plötzlich sehr klein geworden ist.

Nach einer Weile kann Maria nicht mehr wandern und lässt sich auf den Sessel im Arbeitszimmer fallen. Sophia ist mittlerweile eingeschlafen und mit dem schlafenden Kind im Arm schläft auch sie nun langsam ein. Das Letzte, was sie mitbekommt, ist die Kamera in ihrem Kopf, die im Schlafzimmer nach oben fährt. Das Familienbett ist leer.

Noch in derselben Nacht zieht Maria mit Sophia wieder zurück ins Familienbett. Ein Sessel, das war nun wirklich keine Alternative. Jan liegt immer noch im Wohnzimmer, aber sie ist zu müde, um darüber nachzudenken, ob das irgendetwas heißt, und wenn ja, was.

Vier Stillpausen später – nach der Zeitspanne also, die für gewöhnlich als Nacht bezeichnet wird – verlässt Sophia das Familienbett und sieht, dass das Sofa im Wohnzimmer wieder zusammengeklappt ist. Und mehr noch: Auch die Decken und Kissen, die Jan mit rübergenommen hatte, sind nirgends zu sehen. So als hätte es diesen Vorgang gar nicht gegeben. Maria reibt sich die Augen und versucht, ihre Gedanken zu sortieren, als sich die Badezimmertür schwungvoll öffnet und ein Schwall Duschwasserdampf die Sicht vernebelt. Aus dem Nebel hervor tritt Jan, als wäre das hier die Wunderkugel in der Mini-Playback-Show, die einen erschöpften Mann in ein junges Reh verwandelt hat.

So ein bisschen Schlaf ist schon schmückend, denkt Maria und lässt sich von Jan im Vorbeigehen einen Kuss auf die Wange geben, während sie versucht, die Augen irgendwie geöffnet zu halten. Weder beim Frühstück noch irgendwann später sprechen sie über die vergangene Nacht auf der Couch. Man hätte es gleich morgens machen müssen, denkt Maria, denn schon am Mittag kommt ihr die Nacht so weit weg vor, dass sie sich gar nicht mehr richtig erinnern kann. Und überhaupt: Was war denn schon passiert?

Als sich der Tag dem Ende zuneigt, legt sich Jan wieder wie immer zu Maria und Sophia ins Bett. Als Sophia in der ersten Stillpause gegen 1.30 Uhr aufwacht, ist der Platz neben ihr leer. Und in der folgenden Nacht ist er es ebenso und auch in der darauf. Jedoch ist Jan ganz offenbar weiterhin darauf bedacht, keine Spuren von seinem nächtlichen Umzug zu hinterlassen, und deshalb sieht es am nächsten Morgen immer so aus, als wäre nichts gewesen.

Was sollten sie denn um Himmels Willen besprechen? Jan sieht aus, als wäre er in den vergangenen Nächten fünf Jahre jünger geworden, und Maria hat sich im Übrigen auch in Windeseile auf den Mehrplatz im Bett eingestellt. Manchmal wacht sie jedenfalls zwischendurch auf und liegt quer im Bett – und Sophia, die offenbar immer auf wundersame Weise wie ein kleines Würmchen hinter ihr herkrabbelt, natürlich auch.

Aber dass es so gar kein Thema ist, dass sie als Paar nicht mehr im selben Bett schlafen, das macht es fast schlimmer, als es in Wirklichkeit ist, findet Maria. Einfach, weil man nur über die Dinge nicht redet, die entweder zu wichtig oder zu unwichtig sind.

Und unwichtig ist es Jan ganz bestimmt nicht. Jan kommt schließlich aus Münster, also aus der Käseglocke. Katholisch, klar, aber für Marias Geschmack auch ein bisschen viel Gewese um Wochenmarktfolklore, klassische Konzerte und den Kirchgang. Dass seine Eltern auch nur eine Nacht ihres Ehelebens in getrennten Betten geschlafen haben, hält sie jedenfalls für unwahrscheinlicher, als dass sie selbst mal zum Mond fliegen würde.

Wenn sie zu Besuch nach Hamburg kämen, dann sollten sie jedenfalls keinen Hinweis darauf herumliegen lassen, dass hier ein Leerstand von Babybetten zu beklagen ist. Dieser imaginäre Besuch ist für Maria im Grunde die einzige Existenzgrundlage dieses Möbelstückes geworden.

Denn wenn die Großeltern, aber letztendlich auch einige ihrer Freunde, kein Möbelstück ausmachen könnten, das ganz klar als Schlafstätte für einen kleinen Menschen zu identifizieren wäre, würden sie Fragen stellen. Und das konnte niemand wollen. Bei ihrem Besuch würde Maria jetzt jedenfalls immer ein paar kleine Kuschelkissen in das Bettchen legen und ein bisschen an dem Mobile wackeln, das sie aus Origami-Kranichen selbst gebastelt hat. So staubt es zumindest nicht völlig ein.

Ob man wohl auch für dieses aktuelle Schlafmodell einen Namen finden könnte? Also dafür, so zu tun, als würde man gemeinsam in einem Bett schlafen mit einem Kind daneben, obwohl in Wahrheit jede Nacht einer flüchtet. Könnte es gar irgendeine wissenschaftliche Theorie geben, die man heranziehen könnte, die erklärt, wie und wo das Baby denn nun schläft?

Vielleicht Show-Sleeping statt Co-Sleeping? Oder Couchsurfing? Das war es nämlich tatsächlich geworden.

Man müsste doch irgendwas dazu sagen können. Aber man könnte auch einfach das sagen, was alle anderen auch immer sagen. „Ach, unser Baby schläft zwar erst in seinem Bettchen ein, kommt dann aber später zu uns rüber und bleibt dann den Rest der Nacht da." Weitere Rückfragen schließt man mit dieser Antwort aus. Und die anderen konkretisieren schließlich auch nie, was genau mit „später" und „Rest der Nacht" gemeint ist. Und Maria weiß manchmal nicht, ob sie es vielleicht auch gar nicht wissen will. Es wäre wahrscheinlich ohnehin nicht die Wahrheit, was daran liegt, dass selbst Eltern, deren Kinder durchschlafen, dies hoffentlich nie vor anderen Eltern sagen würden, deren Kinder nicht durchschlafen. Einfach, weil es die Höflichkeit gebietet, und auch, weil es sehr unschöne Gefühle beim anderen auslösen kann. Mindestens Missgunst und Neid, vielleicht auch Schlimmeres.

Mit den Gästen, die heute kommen, würde es nicht ganz leicht werden, das Thema zu umschiffen. Es sind Richard und Beate, das Pärchen, das ihnen vor rund einem Jahr das Beistellbett verkauft hat.

Es ist ein verregneter Aprilnachmittag. Sie sitzen bei Kaffee und Kuchen im Wohnzimmer auf dem Sofa und unterhalten sich über dieses und jenes, was bei jungen Eltern so viel heißt, wie: zu 80 Prozent über die Kinder, zu zehn Prozent über die Ausscheidungen der Kinder und zu weiteren zehn Prozent über andere Dinge, die aber auch immer irgendwas mit den Kindern zu tun haben.

Und so ist es nur eine Frage der Zeit, bis sie bei dem Schlafthema landen. Das ist bei jungen Eltern fast zwanghaft, glaubt Maria. Einfach, damit sie ihr eigenes Schlafpensum mal im Vergleich sehen und sich damit vielleicht ein paar Nächte ein bisschen besser fühlen, sofern sie auf der Gewinnerseite stehen. Das ist wie beim Offenlegen der Gehälter. Im besten Fall ist man endlich mal glücklich mit dem, was man hat, im schlechtesten erkennt man, dass man auf der Leiter der Erfolgreichen ganz unten ist, und dann, dass man dringend nachverhandeln muss. Auf der anderen Seite: Mit wem sollte man als Eltern nachverhandeln? Und was würde das Nachverhandeln bringen? Der Schlaf der vergangenen Wochen kann ja schlecht irgendwie steuerwirksam in die Jahresbilanz eingehen oder als Freizeitausgleich ausgezahlt werden oder so. Besser ist also, man fragt nur, wenn man mit der Antwort auch einfach leben kann.

Ihre Freunde Richard und Beate fangen jetzt jedenfalls an, von ihrem Kinderbett zu erzählen. Und dass sie das nun leider auch verkaufen müssten. „Das ist wirklich ein super Bett. Sehr bequem. Unsere Emmi hat da so gern drin geschlafen", sagt Beate dann. Und Richard betont, dass auch die Matratze wie neu sei, die hätten sie immer pfleglich behandelt. Ob sich Maria und Jan vielleicht jetzt schon das Folgebett sichern wollten, bevor es jemand anderes tut?

Maria fragt höflich nach Modell, Hersteller und Maßen. Und Jan fragt, wo denn dann das Kind fortan schlafen würde und warum sie das Kinderbett verkaufen, wenn Emmi da so wahnsinnig gern drin geschlafen hätte. „Wir haben jetzt so ein ganz tolles neues Bett gekauft, das hat die Form einer Wolke und da blinkt nachts ein Sternenhimmel und so. Wir haben das von Freunden gekauft, die sagten, ihr Sohn hätte das geliebt."

Jan hört zu und nickt, als hätte er gerade die Relativitätstheorie verstanden. Ob sie das Bett denn nun haben wollten, fragt Richard. Ach, das sei ja noch so weit weg, sagt Maria schnell. Und Sophia sei ja noch so klein. Aber bei Gelegenheit würde man sicher drauf zurückkommen.

Maria ist sich inzwischen sicher, dass auch Richard und Beate einfach ein Alibibett nach dem nächsten kauften. Vielleicht hatten sie auch für die Großeltern damit angefangen, später dann wohl weitergemacht, weil ein Kinderzimmer ohne Bett irgendwie kein Kinderzimmer ist. Und dann fragt sie sich, ab welchem Alter eigentlich Betten für Kinder produziert werden, in denen irgendwann auch mal welche schlafen. Ob man das vielleicht errechnen könnte? Dann würden sie sich nämlich die Kosten für die ganzen Betten dazwischen sparen und wahrscheinlich erst eins kaufen, wenn Sophia mit ihrem ersten Freund um die Ecke kommt und unter Kingsize gar nichts mehr geht.

Bis zum Alter von zwei bis, na ja, schätzungsweise drei Jahren, ist es ja ganz offensichtlich so, dass eine ganze Menge Regenwald abgeholzt wird, nur damit zumindest in Deutschland alle Alibibetten in den Kinderzimmern stehen haben und die Großeltern oder der Besuch denken, dass alles mit rechten Dingen zugeht. Also so wie früher, wo ja angeblich auch immer alle Kinder im Kinderwagen geschlafen haben, während die

Eltern in Ruhe ein Drei-Gänge-Menü beim Italiener genossen haben. Dieses Gedächtnis ist schon ein verrückter Apparat. Wahrscheinlich würden Jan und Maria sich in 30 Jahren auch nur noch an dieses eine Mal erinnern, als Sophia im Beistellbett geschlafen hat, zumal sie das ja auch fotografiert haben. Und dann würden sie immer erzählen, ihre Tochter hätte so wahnsinnig gerne in diesem Bett geschlafen. Genauso wie von den 30 Versuchen, in Ruhe was beim Italiener zu essen, und den 20, bei denen man gar nicht erst losgegangen ist, nur das eine Mal in Erinnerung bleibt, als das Kind eh 38,8 Grad Fieber hatte und das ganze Essen im Fieberschlaf verpennt hat.

Und so geht das von Generation zu Generation weiter, obwohl alle wissen, dass es anders ist. Jedenfalls wäre die Scheidungsrate ganz sicher deutlich höher, wenn es keine Ausziehsofas und Matratzen gäbe, auf die Väter in den ersten Monaten ausweichen könnten, damit nachts wenigstens einer von beiden schläft, und er dann morgens um sechs noch zwei Stunden übernehmen kann. So kann Mama noch zwei Stunden echten Schlaf an die Halbschlafnacht klatschen und damit eventuell auf das durchschnittliche Maß an Schlafstunden kommen, das für Mütter im ersten Babyjahr Standard geworden ist und bei etwa drei bis vier Stunden liegt.

Nachdem ihre Bettenverkäufer-Gäste wieder nach Hause gegangen sind und Maria später am Abend mit Sophia in ihrem XXL-Bett liegt, muss sie mal wieder auf dieses Beistellbett starren, während sie hört, dass Jan nebenan noch fernsieht. Sie hatten wenig geredet an diesem Tag. Das war nicht weiter schlimm, aber es war eine unangenehme Form des Schweigens gewesen, eine mit lauter Worten, die über ihnen in der

Luft waberten, ohne dass jemand nach ihnen gegriffen hätte. Nach und nach hatte das die Luft über den Abend so dick gemacht, dass Maria das Bedürfnis verspürt hatte, ein Fenster zu öffnen.

Früher hätte sie in so einem Fall ein Gewicht aus ihrer Tasche gezaubert. Ihr wäre schon irgendwas eingefallen, damit die Luft wieder klar würde. Doch heute fühlt es sich an, als wären ihre Taschen inklusive aller Geheimfächer leer.

Aber dann denkt Maria, dass es manchmal ja gar nicht unbedingt mehr Gewicht sein müsse, um das Gleichgewicht wiederherzustellen. Manchmal würde es vielleicht auch reichen, etwas Gewicht wegzunehmen. Und da würde ihr spontan gerade nur ein Gewicht einfallen beziehungsweise ein Gegenstand.

Sollte sie das Beistellbett vielleicht einfach verkaufen? Wenn es erst mal weg wäre, wäre es weg, und darüber würden sie wahrscheinlich auch nicht reden. Und dann wäre es irgendwann einfach gut und man müsste nicht jeden Tag weiter mitansehen, dass es anders gekommen ist, als man es geplant hatte.

Aber einfach verkaufen, ohne mit Jan zu sprechen? Maria entschließt sich, erst mal nach dem Preis zu schauen, den andere dafür nehmen, um ein Gefühl dafür zu bekommen, was so ein Ding wohl wert sein könnte.

Beistellbetten, so viel ist nach zehn Minuten klar, sind allein im Umkreis von 1000 Metern 20-mal gebraucht zu kaufen. Allesamt „neuwertig" versteht sich. Matratze? Kaum genutzt. Trotzdem war das Bett immer „heiß geliebt". Und dann fällt ihr dieses eine Bild von dem Beistellbett auf, das genau aussieht wie ihres. Und der Schrank, vor dem es fotografiert wurde, sieht auch so aus wie ihrer. Das ist ihr Bett!

Sie klickt drauf. Tatsache: Jan hat ihr Beistellbett eingestellt, aus vier Fotos eine Bildergalerie gebastelt. 90 Euro Verhandlungsbasis hat er angegeben und als Produktbeschreibung: „Wir verkaufen unser heiß geliebtes Beistellbett. Unsere Tochter hat sehr gern darin geschlafen. Da wir pfleglich damit umgegangen sind, ist es noch immer in einem neuwertigen Zustand."

Maria überlegt einen Moment, dann klickt sie auf „Nachricht an den Verkäufer": „Guten Tag! Das Bett sieht wirklich toll aus. Aber sind Sie sicher, dass Sie das auch mit ihrer Frau besprochen haben?"

Vom Nachbarzimmer her hört sie Jans Handy brummen, dann die Decke rascheln. Nach wenigen Minuten antwortet Jan: „Liebe Interessentin! Danke für Ihr Interesse und die Frage. Ehrlich gesagt habe ich das nicht besprochen. Aber ich glaube, meine Frau und ich verstehen uns meistens auch ohne Worte. Oder meinen Sie, ich sollte sie doch sicherheitshalber noch mal fragen?"

„Nein", schreibt Maria. „Wenn Sie das sagen, haben Sie sicher recht." Und dann fühlt es sich an, als hätten sie endlich das Gespräch geführt, das heute Abend besonders, aber eigentlich seit so vielen Wochen die Luft in ihrer Wohnung so dick und schwer gemacht hat.

Zwei Tage später verkaufen Maria und Jan das Bett an eine junge Frau, die im sechsten Monat schwanger ist. Eine Musiktherapeutin, wie sie bei der Begutachtung des Bettes von sich erzählt. Und zwar eine mit einer klaren Haltung. Ihr Kind würde jedenfalls garantiert nicht bei ihr und ihrem Partner mit im Bett schlafen. Das hätten sie sich fest vorgenommen. Und ihre Hebamme hätte gesagt, wenn man ganz klar ist in seiner Haltung, egal wobei, würden die Kinder das auch annehmen.

Maria beglückwünscht sie zu diesem Entschluss. „Eine sehr gute Entscheidung." Ob sie nicht auch noch die Matratze mit dazunehmen wolle?

„Auf keinen Fall", sagt diese dann. Sie halte das für eine „große Lüge", dass immer alle schreiben würden, dass die Bettchen praktisch ungenutzt seien. Nichts für ungut, aber das würde man doch nur sagen, damit man die Matratze auch noch verkaufen könne.

Maria zuckt mit den Schultern und verabschiedet die junge Frau an der Tür. Im Grunde hat ja einfach jeder das Recht auf seine eigene Lüge.

In der folgenden Nacht, die erste ohne Babybett, schläft Maria unruhig. Es fühlt sich an, als ob etwas fehlen würde. Die Begrenzung, die Ablagefläche. Wenn Sophia aufwacht, irren ihre Hände jedenfalls ständig in der Luft herum und finden Windeln und Tücher nicht mehr da, wo sie die vergangenen Monate lagen: auf dem Beistellbett. Sehr spät in der Nacht, als auch die anderen Frauen in den Mütterforen schon lange schlafen, steht sie auf, geht leise zu Jan rüber und kuschelt sich an ihn. Das ist doch auch mal eine Variante, denkt sie und entscheidet sich nach kurzem Darübernachdenken dazu, die Kamera für den Rest der Nacht auszulassen. Das hier geht nun wirklich keinen mehr was an.

März. Musikgarten

„Haben Sie eben etwa Specki zu Ihrem Baby gesagt?", fragt die Frau, die gerade links neben Anne auf dem Boden Platz genommen hat. Eine Frau, wie aus einer Waschmittelwerbung gefallen. Eine, die noch nie dieselben Socken zweimal hintereinander angezogen hat, geschweige denn, ohne sich abzuschminken ins Bett gegangen ist.

Bevor Anne sich in der Lage sieht, zu antworten, würdigt sie innerlich die Formulierung mit „Sie" und „Specki" und tauft die Linguistin neben ihr auf den Namen Clementine. Ja, Anne hat tatsächlich eben „Specki" gesagt, als sie Paul aus der Jacke geschält hat und seine kräftigen Ärmchen und Beinchen sichtbar wurden, die aus den Öffnungen seines Bodys herausquollen. Ein verkleinertes Michelin-Männchen, ein Baby-Schwarzenegger, und deshalb denkt sie immer rechtzeitig an die Flucht nach vorn. Wenn sie zuerst irgendwas sagt, sagt es keine andere Mama mehr. Anne beschließt, es vorerst nur bei den Eckdaten zu belassen: 68 Zentimeter, 9,6 Kilo. Und jetzt kommst du, Clementine!

Doch die schüttelt nur den Kopf. „Das verwächst sich doch, wenn er erst mal krabbelt. Aber schon mal dran gedacht, was so eine Ansprache mit Ihrem Baby macht? Also emotional gesehen, mein ich?" Die drei anderen Frauen, die mit Clementine und Anne einen Sitzkreis bilden, gucken und schweigen. Anne guckt und schweigt auch, betretener Blick auf die Uhr, zu spät, um jetzt noch abzuhauen. Sie wollte das nie, nie Sitzkreis, nie diese Mamas, nie diese Sprüche. Sie wollte ihr voriges Leben, nur mit Baby.

Dass da was auf sie zukommen würde, hatte sie schon damals im Geburtsvorbereitungskurs geahnt. Ein Crashkurs, ein Tag, vier Stunden. Damit müsste es ihr Kurs eigentlich ins Guinnessbuch der Rekorde als kürzester Geburtsvorbereitungskurs der Welt geschafft haben. Na, zumindest in Hamburg. Da hat man ihr und Hendrik jedenfalls gesagt, die erste Woche mit dem Baby sollten sie die Wohnung besser nicht verlassen, damit das Baby nicht von zu vielen Klängen und ungewohnten Gerüchen belastet würde. Man solle ebenfalls davon absehen, sich mit parfümierten Cremes und Duschgels zu waschen und zu pflegen, weil das Kind sonst verwirrt wäre, wenn Mama nicht nur nach Mama, sondern auch ein bisschen nach Nivea rieche. Nach dem Kurs zog Anne Hendrik an der Hand nach draußen. „Versprich mir eins", hatte sie gesagt. „Versprich mir, dass wir uns nicht in der Wohnung verschanzen, nicht in der ersten Woche und danach auch nicht. Auch nicht, wenn unser Baby eine Nivea-Verwirrung erleiden sollte", sagte sie, und Hendrik wusste, wann man Annes Sätze einfach unkommentiert lassen sollte. Zumal sie noch einen Satz hinterherschob: „Und so was hier zahlt die Krankenkasse. Gibt's das?!"

Das Schweigen bei den „Little Music Stars" hält nun schon seit einer ganzen Weile an und wird erst gebrochen, als eine Frau mit rot gefärbten Haaren, Leggins, Wollsocken und Bernsteinkette sich mit einer Wandergitarre bewaffnet auf ein Yogakissen setzt. Sie ist die Leiterin von Little Music Stars – Klangwelten für Babys ab drei Monaten – und beginnt nun auf ihrer Gitarre ein paar einfache Akkorde anzustimmen und dabei irgendwie besonnen zu summen.

Anne schaut auf ihre Finger, die ihr plötzlich fremd vorkommen. Früher, als sie noch als Landschaftsgärtnerin im

Stadtpark arbeitete, sahen sie nach Anpacken aus. Immer ein bisschen Dreck unter den Nägeln, Finger so stark wie Äste. Ihr Freund Hendrik hatte, als sie sich kennenlernten, mal gesagt, Anne sehe immer aus, als wäre sie rund um die Uhr bereit, sich ein Paar Gummistiefel anzuziehen und in den Stall zu marschieren, um dort beim Kalben mit anzupacken oder an die vorderste Front, um mit Sandsäcken einen Damm zu bauen.

Daran muss Anne jetzt denken, als die Wandergitarre das erste Mitsinglied anstimmt und ihre Unkrauthände dazu zwingt, zu klatschen. „Wozu sind die Hände da, Hände da, Hände da? Die Hände sind zum Klatschen da, dazu sind sie da." Die anderen Mamas rechts neben ihr steigen mit Verve ein, nach links zu Clementine mag Anne nicht mehr gucken. Sie klatscht einfach so mit und fühlt sich dabei wie der Aufziehhase aus der Duracell-Werbung, der eingeschaltet wurde und mit dem Klatschen erst aufhören würde, wenn die Batterie alle ist. Und Anne fragt sich inzwischen, was das Ganze eigentlich mit ihr macht. Also, emotional gesehen.

Sie empfand es ja schon als Zumutung, dass sie direkt nach dem Bekanntwerden ihrer Schwangerschaft aus den Beeten im Stadtpark ins Büro verfrachtet wurde, und verstand bis zum letzten Tag vor dem Mutterschutz nicht, was sie mit diesen Dateien und Ordnern eigentlich machen sollte. Der Krieg gegen das Unkraut war ihr lieber. Er war klarer. Raus und weg.

„Wozu sind die Hände da, Hände da Hände da? Die Hände sind zum Winken da, dazu sind sie da." Anne winkt und versucht, mit Paul Kontakt aufzunehmen, aber der ist mit seiner Schnullerkette maximal beschäftigt.

Mamas, die ins Leere winken, und Anne weiß nicht mehr, wie sie sitzen soll, und das nach gerade mal zehn Minuten. Die

Frau rechts neben ihr, die mit ihren blonden Locken ein bisschen wie ein Engel aussieht, ist anscheinend im Schneidersitz auf die Welt gekommen. Wie ein Buddha sitzt sie da. Ein Buddha mit Stillbrüsten. Anne konnte schon immer schlecht lange sitzen. Sie erträgt die Welt besser, wenn sie in Bewegung ist. Selbst langsam zu gehen, fällt ihr schwer. Hendrik sagt immer: „Auch wenn du versuchst zu schlendern, sieht es nach Marschieren aus."

Und so war sie vor rund dreieinhalb Monaten dann auch ins Krankenhaus marschiert, als die Wehen einsetzten. Sie hatte darauf bestanden, die eineinhalb Kilometer zu laufen. Hendrik wusste, dass es zwecklos war, Anne davon abzuhalten. Und so liefen sie gemeinsam ins Krankenhaus, hoch auf die Entbindungsstation – und nur acht Stunden später mit ihrem Sohn Paul im Kinderwagen wieder zurück. Alles lief so, wie Anne es sich vorgestellt hatte. Der Geburt hatte sie entgegengesehen wie einem Naturereignis. Wind und Wetter, Kämpfen, Zähne zusammenbeißen, Blut, Schweiß, Aufstehen, Weitermachen. Naturereignisse kann sie.

Auf die Naturereignisse, die danach folgten, war sie weniger gut vorbereitet. Zum Beispiel hatten Babys in Annes Vorstellung grundsätzlich irgendwie mehr Fähigkeiten gehabt oder weniger, das weiß sie manchmal nicht. Aber auf jeden Fall entweder so viel mehr, dass man deutlich mehr gefordert ist oder so viel weniger, dass man auch mal seine Ruhe hat. Aber dieser bizarre Zustand aus so viel Zeit wie noch nie, die man jedoch absolut nicht nutzen kann, das hatte sie so nicht eingeplant.

Vor allen Dingen hatte Anne sich nicht vorstellen können, dass sie sich trotz ihres speckigen Pauls manchmal verdammt allein fühlen würde. Jedenfalls hat sie sich neulich tatsächlich gefreut, als ihre Mutter anrief. Und das hätte sie eigentlich für undenkbar gehalten. Besonders nach diesem albernen Putzbesuch neulich. Da war ihre Mutter kurz nach Pauls Geburt einmal aus Stuttgart zu ihnen nach Hamburg gekommen, um zu helfen, was aus ihrer Sicht darin bestand, mit einem Handstaubsauger die Wohnung Zentimeter für Zentimeter zu bearbeiten. Hendrik und Anne fiel es schwer, zu sagen, dass sie das nicht unbedingt mit helfen gemeint hatten. Sondern eher so ein allumfassendes Mitdenken. Milch fehlt = Milch holen, Kind hat vielleicht Bauchschmerzen = in der Apotheke um Rat fragen, Eltern sind übermüdet = das Baby in den Kinderwagen packen und eine Runde drehen. So was halt.

Hendrik wies dann irgendwann höflich darauf hin, dass der Staub auf dem obersten Regal in der Abstellkammer vor der Geburt nicht ihr drängendstes Problem gewesen sei und nach der Geburt eben auch nicht. Aber Hendrik hatte nicht bedacht, dass Annes Mutter keine Frau für zwischen den Zeilen war. Also übernahm Anne und sagte ihrer Mutter nach eineinhalb Tagen, sie möge ihren Handstaubsauger doch einpacken und sich anders sinnvoll einbringen. Nach einem weiteren Tag sagte sie ihrer Mutter, dass sie auch alles weitere einpacken könne. Anne bedankte sich umfänglich für die Hilfe. So sauber – und jetzt endlich auch mal unter dem Kleiderschrank – sei es in ihrer Wohnung noch nie gewesen.

Seitdem sind die Tage sehr langsam vergangen und doch verflogen. Hendrik kommt meist erst abends nach Hause und ihre Freundinnen arbeiten tagsüber. Außerdem, und das merkt sie jetzt doch sehr, sind es eben auch nie echte Frauenfreundschaften gewesen. Also nicht solche, von denen sie glaubt, dass andere Frauen sie haben. So mit endlosen Telefonaten und Weißweinschorle trinken und Probleme wälzen und Geheimnisse austauschen.

Anne hat es vorher nie gefehlt, weil sie am Ende solcher Dauerkonversationen nie so richtig wusste, was und warum man sich das alles stundenlang erzählen sollte. Vieles findet sie einfach nicht der Rede wert. Aber neulich, als gegen 15 Uhr der Paketbote klingelte, und sie merkte, dass ihr „Hallo!" ihr erstes Wort des Tages war und ihre belegte Stimme sich fremd anhörte, fand auch sie, dass es Zeit war, etwas zu tun. Also setzte sie sich vor den Computer und gab ein: Kurse für Babys ab drei Monaten.

Sie fand: PEKiP, Pikler, Pampersgymnastik, Babyschwimmen, Babymassage, Baby-Yoga, Tanzen mit der Babytrage, Mother-Father-Child-Workout und Musikgarten für Babys. Sie dachte nicht lange nach und entschied sich für den Musikgarten Little Music Stars, für Babys ab drei Monaten, vor allen Dingen weil sie das Wort Garten an den Stadtpark erinnerte, obwohl sie nicht wusste, was der Garten mit Babymusik zu tun haben sollte. Ob man da Lieder über Bäume singt?

Egal. 10.30 Uhr am Donnerstag, Entfernung 800 Meter. Musikgarten, auf geht's!

Anne winkt immer noch, als sie merkt, dass alle anderen Mamas schon „klopfen". „… Die Hände sind zum Klopfen da, dazu sind sie da." Zu Anfang des Kurses hatte die Wandergitarre gesagt, dass sie extra eine Ausbildung als Sängerin für Kinder gemacht habe – sie sollten sich deshalb nicht wundern, dass sie „etwas höher" singen würde. Babys würden bestimmte Frequenzen einfach besser hören. „Etwas höher" findet Anne einigermaßen untertrieben, es klingt wie ein durchdringendes Piepen im Ohr und die Vermarktung mit der Spezialausbildung so absurd, dass sie auch irgendwie Respekt verdient. Während der nächsten Runden, in denen die Mütter ihre Babys, die nicht kitzelig sind, kitzeln und patschen sollen – auf den

Boden natürlich – fällt Annes Blick auf die Wand, wo ein Flyer für Hamburgs erstes Baby-Spa hängt, das offensichtlich gerade hier um die Ecke in Hamburg-Eppendorf eröffnet hat. Da konnte man seine Babys floaten lassen, stand da. Das würde 30 Minuten dauern und 20 Euro kosten. Anne fragt sich, ob das vielleicht eine bessere Alternative gewesen wäre, hat aber keine Ahnung, was floaten eigentlich sein soll. Sie ist sich zwar sehr sicher, dass es hier in der Runde jemanden geben würde, der ihr das sagen könnte, aber jetzt gerade patschen ja alle und man musste schließlich auch nicht alles wissen.

In den nächsten 30 Minuten folgen Lieder, bei denen die Mamas herzlich dazu eingeladen sind, mit ihren Babys durch den Raum zu tanzen und einfach mal zu spüren, wie ihre Babys auf die Klänge reagieren. Also wandelt Anne durch den Raum und ist dabei vor allen Dingen darauf bedacht, dass es so leicht aussieht wie bei den anderen, die im Schnitt mit drei bis vier Kilogramm weniger durch die Gegend tanzen müssen. Anne spürt, wie sich ein Schweißtropfen löst und ihr die Stirn herunterrollt. Sie hatte sich den Musikgarten irgendwie passiver vorgestellt.

Und so ist sie froh, als alle Mamas endlich wieder im Sitzkreis Platz nehmen dürfen. Es folgt – so kündigt es die Wandergitarre vollmundig an – das Finale. „Jetzt bekommt jedes Baby seinen ganz persönlichen Ton", sagt sie und beginnt sogleich, mit einer Auswahl Orff'scher Klangstäbe von Baby zu Baby zu wandern, einen Ton anzuschlagen, den sie in einer Frequenz mitsummt, die normalerweise dazu genutzt wird, Mücken zu verjagen.

Nachdem Max, Leo, Anton und auch Paul ihren Ton regungslos in Empfang genommen haben, bekommt noch die Tochter von Clementine, die kleine Elisabeth, ihren Ton. Anne schielt jetzt doch mal rüber und fragt sich dann, ob es wirklich sein kann, dass ein Baby 45 Minuten lang keinen Mucks von sich gibt? Und ob Clementine ihnen vielleicht eine Babyborn-Puppe untergejubelt hat, die nur Wasser in den Windeln hat, als Elisabeth aufs Orff'sche G tatsächlich mit einem amtlichen Furz reagiert. Clementine kichert viel zu schrill und hält sich die Hand vor den Mund. „Was bist du denn heute für ein kleiner Pupsi?" Anne verdreht die Augen. Alles irre. Sie packt ihre Sachen, verstaut ihr Michelin-Männchen in den Kinderwagen und geht.

Nach ein paar Metern fährt der Schneidersitz-Engel aus dem Sitzkreis dann plötzlich mit ihrem Kinderwagen neben ihr und stellt sich als Vera vor. „Die Stimme hält ja kein Mensch aus", sagt sie dann. „Den Rest eigentlich auch nicht", erwidert Anne, und Vera krümmt sich vor Lachen. Und dann fängt Anne einfach an zu reden. Über die Tage mit Paul, über all die Kleinigkeiten, die eigentlich nicht der Rede wert sind, aber im Moment eben schon. Anne erfährt, dass auch der Engel nicht immer auf Wolke sieben ist und neulich tatsächlich mal in diesem Baby-Spa war und was mit Floaten gemeint ist: sein Baby mit einem Schwimmring um den Hals in eine Badewanne zu legen.

Anne und Vera verlängern ihre gemeinsame Strecke immer weiter, drehen noch einen Schlenker und noch einen, und als sie schon in Nachbarstadtteil angekommen sind, steht plötzlich Clementine neben ihnen an der Ampel. Vera räuspert sich: „Haben Sie vorhin eigentlich ernsthaft Pupsi zu Ihrem Kind gesagt?", fragt sie und zwinkert kaum wahrnehmbar zu Anne rüber. Es folgt eine sehr lange Rotphase. Und dann wird es Grün. Anne lächelt. Hatte sie ja gleich gesagt, ein Engel.

April. Große Freiheit

Maren nimmt die letzte glatte Haarsträhne und zwirbelt sie um das Lockeneisen. Die Hitze brutzelt sich hinein, es dampft und riecht nach heißem Haar. Noch zwei Sekunden warten, lösen, fertig. Dann beugt sie sich vorneüber und wuschelt noch mal alles mit den Händen mit einem Klecks Haarwachs durcheinander. Was Maren danach im Spiegel sieht, gefällt ihr. Das sieht definitiv so aus, wie das, was in Frauenmagazinen immer als „wilde Partyfrisur" bezeichnet wird. Dazu korallenrote Lippen und erstmals in ihrem Leben auch ein beachtliches Dekolleté. Sie kann den Blick kaum davon lassen und fühlt sich wie ein Mann, der einer fremden Frau auf die Brüste starrt. Aber im Unterschied dazu hat Maren eine gute Entschuldigung: In ein paar Wochen wird das Dekolleté wieder auf ein – bestenfalls – Normalmaß geschrumpft sein. Also wenn schon starren, dann jetzt.

Vom Flur her hört sie ihre Tochter Thea weinen. Alles in ihr sagt: hingehen, auf den Arm nehmen. Aber heute ist Marco zuständig. Und ihn macht es wahnsinnig, wenn sie ihm immer zwei Sekunden zuvorkommt. Und Maren macht es wahnsinnig, wenn er immer zwei Sekunden zu langsam ist. Einundzwanzig, zweiundzwanzig. Dann hört sie, wie Marco sie hochnimmt und wieder Ruhe ist.

Maren zieht den Lippenstift nach und merkt, dass ihre Hände dabei etwas zittern. Seit Wochen hat sie auf diesen Abend hingefiebert. Junggesellinnenabschied ihrer besten Freundin Merja, obwohl es ja genauer gesagt ein „Kein-Junggesellinnenabschied" ist. Das steht jedenfalls auf der Einladungskarte. Typisch Merja, die erstens selber Verfasserin der Karte ist – und nicht wie sonst üblich die Trauzeugin – und zweitens darauf unmissverständlich klarmacht, was an dem Abend verboten sein würde: Verkleidungen aller Art, Bauchladen sowie Spiele und Überraschungen. Stattdessen: Essengehen mit den besten Freundinnen beim Italiener und dann weiter zum Abfeiern ins *Schulz!*, ihre alte Stammkneipe auf dem Kiez.

Dort am Tresen hatten Merja und Maren sich vor Jahren kennengelernt. Sie saßen plötzlich nebeneinander, ein Wort gab das andere. Dann kamen noch ein paar Biere dazu und der Abend wurde lang und ersetzte eine monatelange Kennenlernphase. Sie verließen den Laden in den frühen Morgenstunden als Freundinnen, die das Gefühl hatten, sich schon ewig zu kennen.

Dass Merja rund zehn Jahre älter ist, machte nie einen Unterschied. Sie hatten denselben Blick auf die Welt, auf die Männer, auf das Leben. Auch als Maren dann Marco kennenlernte und zwei Jahre später ihre Tochter Thea auf die Welt kam, stand Merja immer parat. Obwohl seither vieles anders ist. Zum Beispiel treffen sie sich nicht mehr im *Schulz!*, sondern meist bei Maren zu Hause. Dann trinken sie Tee, sitzen um Thea herum und sind nicht selten dankbar, dass Marens Tochter ihre Aufmerksamkeit fordert, weil sie manchmal nicht mehr so recht wissen, was sie sich erzählen sollen. Die alten Themen passen nicht mehr zu ihnen und die neuen – beziehungsweise das neue Thema – irgendwie auch nicht. Einmal hat Maren versucht, Merja in ein Gespräch über ihre neue Milchpumpe zu verwickeln, die ihrer Meinung nach ein Fehlkauf war, weil am

Ende doch weniger rauskam, als bei der Einzel-Handpumpe aus der Drogerie. Aber Merja lachte sich einfach kaputt, als Maren erzählte, dass es sich um zwei Aufsätze handle, mit denen man gleichzeitig pumpen würde, damit es schneller geht. „Ganz ehrlich, dann kannst du dich auch gleich bei einem Bauern im Alten Land mit in den Stall legen, das fällt dann auch nicht mehr auf." Maren versuchte noch mitzulachen, aber es gelang ihr nicht, und dann war sie froh, als Merja sich mal wieder auf den Balkon verzog, um eine zu rauchen.

Merja hat selbst keine Kinder, obwohl sie früher immer welche wollte. Die Trauer darüber, dass es weder mit einem Mann, geschweige denn mit dem Nachwuchs geklappt hat, hat sie jahrelang im *Schulz!* gelassen, nicht selten an Marens Seite. Vor drei Jahren haben sie dort Merjas 40. Geburtstag gefeiert und danach keinen mehr. Maren fragte nicht, warum, weil sie sie auch nicht hätte trösten können.

Und dann sagte Merja neulich zu Maren: „Das Gute ist, wenn das mit den Hormonen aufhört, dann hört auch das mit dem Kinderwunsch auf. Dann ist es einfach weg und man will gar nicht mehr." Daraufhin ereigneten sich die Dinge fast wie aus dem Lehrbuch: Wenn man es nicht mehr will, dann klappt es. Mit dem Mann zumindest. Mit Hochzeit und allem. Und mit einem beziehungsweise „keinem Junggesellinnenabschied" natürlich.

Es klopft an der Badezimmertür. „Dürfen wir mal gucken?", fragt Marco. Maren strahlt sich selber im Spiegel an. Nichts lieber als das. Noch einmal wuschelt sie sich kräftig durch die Haare und öffnet die Tür. „Wow", sagt Marco. „Du siehst fantastisch aus." Und Maren sieht, dass er es ernst meint, obwohl sie zumindest heute im Grunde keine Bestätigung gebraucht hätte. Maren nimmt Thea noch ein paar Minuten auf den Arm und schnuppert an ihrem Kopf und fragt sich, ob man diesen Geruch irgendwann einmal vergessen haben wird. Und ob alle Babyköpfe so riechen. Oder zumindest so ähnlich.

Sie steht am Fenster und sieht dabei zu, wie der Wind das Restlaub des Winters vor sich herpustet. Ein letztes Aufbäumen, die Linde vor dem Fenster hat schon Knospen. Maren verabschiedet sich schnell von beiden und das erste Mal seit Langem klackert sie auf hohen Absätzen die Treppe hinab. Auf der Straße klackert sie weiter und es klingt wie aus einer anderen Zeit. Sie fühlt sich unbeobachtet und schwingt die Hüften und den Po. Der Abend – das hatte sie mit Näherrücken des Datums gespürt – würde nicht nur für Merja zur großen Bühne werden, sondern auch für sie. Ein Ort, an dem sie sich und Merja beweisen kann: Ich bin wieder da. Ich bin keine Mutter, die nicht loslassen kann. Und feiern wie früher kann ich auch noch. Seht selbst!

Maren war seit der Geburt von Thea schon häufiger allein unterwegs gewesen; beim Sport, im Café, zum Spazierengehen. Und sie erzählte gern von ihren Ausflügen, als wären es Trophäen. Besonders anderen Müttern berichtete sie von der Welt da draußen, und nahm dabei mit einer gewissen Genugtuung zur Kenntnis, dass es andere Mamas in derselben Situation noch nicht mal allein unter die Dusche schafften. In der Mamawelt lag Maren jedenfalls ganz und gar über dem Soll.

Bis zum Italiener in einer Seitenstraße der Reeperbahn ist es nur eine Station mit der U-Bahn. Maren nimmt trotzdem einen Sitzplatz und lässt ihren Blick durchs Abteil wandern. Normales Samstagabendpublikum. Theater, Kino, Freunde treffen. Einige unterhalten sich leise, andere lesen auf dem Handy oder schauen aus dem Fenster. Diejenigen, die es ernster meinen mit dem Feiern, würden erst ein paar Stunden später auftauchen. Maren kramt in ihrer Tasche, ohne genau zu wissen, was sie sucht. Sie hat keinen Kinderwagen, keine Babytrage, kein Baby. Sie hat beide Hände frei. Das muss man sich mal vorstellen! Was hat sie früher alles damit angefangen? Sie schaut aufs Handy. Marco hat ein Foto von ihm und Thea auf dem Arm geschickt. „Wir wuppen das hier schon. Bis 20 Uhr erst mal!"

Um 20 Uhr will Marco mit Thea zum Italiener kommen, damit sie die Kleine stillen kann, was derzeit noch ungefähr alle zwei Stunden nötig ist. Auf die Uhr schauen muss Maren aber nie. Sie trägt einen äußerst zuverlässigen Zeitmesser neuerdings in Form zweier Ballons vor sich her, die ziemlich genau alle zwei Stunden steinhart werden und entleert werden wollen. Damit das Kind dann auch für den Rest des Abends versorgt ist, hat Maren mühsam drei Fläschchen Muttermilch abgepumpt und in den Kühlschrank gestellt. Um sich selbst zwischendurch Entlastung zu verschaffen, hat sie außerdem ihre handtaschentaugliche Pumpe aus der Drogerie dabei, mit der sie sich bei Bedarf zurückziehen würde.

An der Haltestelle „St. Pauli" steigt Maren aus und geht den kurzen Weg zu Fuß, bis sie bei dem Italiener in einer Nebenstraße der Reeperbahn ankommt. Durch die Scheiben sieht sie Merja am Kopfende eines langen Tisches sitzen; ein paar andere kennt sie auch noch. Silke zum Beispiel und Nadine, und auch die anderen Frauen am Tisch hat sie alle schon mal irgendwo gesehen, aber da war es unter Garantie dunkel, rauchig und sie hatte schon jede Menge Lakritzschnäpse getrunken – das war die Spezialität im *Schulz!* Da kam es dann auch nicht so genau drauf an, mit wem man worauf anstieß. Und so machte es nichts, dass sie und Merja nie einen richtigen gemeinsamen Freundeskreis gehabt und sich auch über die Jahre nicht erfeiert hatten. Wenn es hell wurde, hatten Maren und Merja beide wieder ihre eigenen Leben, beide durch und durch bürgerlich. Im Grunde war es ein großes Versehen, dass sie im *Schulz!* gelandet waren neben den anderen Gestrandeten. Sie fühlten sich jedes Mal wie auf der Durchreise und auch nach Jahren immer noch wie Zaungäste. Einmal hatte Merja zu Maren gesagt: „Du bist noch zehn Jahre jünger, du hast noch Chancen, jemanden kennenzulernen. Aber den wirst du nicht hier treffen." Und Maren wusste, dass Merja recht hatte, gleichzeitig wusste sie auch nicht, wohin sie sonst gehen sollte. Maren war damals noch relativ neu in Hamburg und hatte bereits bei der internen Kommunikation der Hamburger Handwerkskammer gearbeitet. Eine Stelle, die sie schon immer maximal unterfordert hat, aber bei der es immerhin keine Rolle spielte, ob sie am Abend vorher bis eins oder bis drei im *Schulz!* versackt war. Merja arbeitete damals schon als Buchhändlerin, und zwar bereits lange genug, um auch mit ein wenig Restalkohol noch ein Buch abseits der Bestsellerlisten für jemanden zu finden, der als Tipp mehr erwartete als irgendwas Spannendes.

Merja hat immer gesagt, dass sie nie verstanden hatte, wie und wann genau aus zu früh zu spät geworden war. „Mit 28 haben die Ersten angefangen Kinder zu bekommen und keine fünf Jahre später hatten dann auch all diejenigen Kinder, die gerade eben noch gesagt haben, dass sie sich Zeit lassen wollen, und von einem Tag auf den anderen ist man 35 und die Einzige ohne Kind und dann ist man definitiv spät dran." Maren hatte ihren Worten gelauscht und dabei sehr viel geraucht, viele Lakritzschnäpse getrunken und gehofft, dass Merja nicht gerade dabei war, auch ihre Geschichte zu erzählen.

„Hey, da ist ja unsere Mami", ruft Merja, als Maren das Restaurant betritt, springt auf und umarmt sie stürmisch. Sekt-Atem, das riecht Maren sofort. Und ehe sie sich's versieht, hat sie selbst auch ein Glas in der Hand. „Auf die junge Mama", ruft Merja und alle prosten ihr zu.

Maren genießt den Moment und sagt trotzdem: „Quatsch, auf die Braut natürlich." Das Glas stellt sie erst mal zur Seite. Sie quetscht sich auf einen Stuhl zwischen Merja und Silke am Kopfende. „Sensationell siehst du aus", sagt Merja. „Danke, so fühl ich mich auch. Und Marco und Thea haben alles im Griff." Merja umarmt sie. „Du machst das so super alles, finde ich. Aber heute Abend erholst du dich mal, ja?" Maren strahlt.

Und dann geht das Gespräch, das Maren mit ihrer Ankunft offenbar unterbrochen hatte, weiter. Thema ist das neue Album von Lenny Kravitz, so viel hat sie mitbekommen. Wobei das mit der neuen Platte offensichtlich irgendwie an ihr vorbeigegangen ist.

Sie schaut auf ihr Glas, sieht die Bläschen aufsteigen und holt ihr Handy raus, auf dem sie sich eine Promille-App runtergeladen hat. Sie gibt ein: 33 Jahre, 1,70 groß, 68 Kilo, zwei Gläser Sekt, (geplantes) Ende der Alkoholaufnahme 21 Uhr. Ergebnis: wieder nüchtern um 3 Uhr. Und was, wenn Thea vorher an die Brust will? Maren rechnet hin und her und beschließt, doch nur ein Glas zu trinken. Nach so langer Abstinenz dürfte das für ein kleines Kribbeln im Kopf ohnehin schon reichen.

Bis Marco und Thea kommen, ist es noch eine gute Stunde hin. Normalerweise läge sie jetzt mit Thea auf dem Sofa, denkt Maren und sie würde mit der kleinen roten Rassel spielen, während sie ihr das Lied von den Wolken vorsänge. Gestern hat sie sich dabei plötzlich das erste Mal gedreht, wie aus dem Nichts. Und dann gleich noch mal. Sie schaut sich das Video auf dem Handy zweimal unter dem Tisch an. Von zu Hause ist noch keine Nachricht da. Sie setzt gerade an, eine SMS zu schreiben, als sie von dieser Nadine links neben ihr angestupst wird. „Mensch, Maren, wie geht's dir? Wie ist das Mamasein so? Das letzte Mal, als ich dich gesehen habe, hattest du ja noch diesen ganz schön dicken Bauch!" Maren setzt sich aufrecht hin: „Supergut ist das, wunderschön. Und meist ganz entspannt. Marco kümmert sich wirklich sehr und lässt mir echt viele Freiheiten." Nadine streicht über ihre Hand. „Mensch, das freut mich so für dich. Wie heißt der Kleine noch mal?" „Die Kleine", sagt Maren, „sie heißt Thea." „Schöner Name", sagt Wiebke, die neben Nadine sitzt und wohl zugehört hat, „wirklich schön." Marens Hand wandert wieder in ihre Handtasche, normalerweise kommt nun die Frage nach den Babyfotos, das kennt sie schon. Und von denen hat sie natürlich genug auf dem Handy. Aber in dem Moment kommt die Bedienung und bringt Sektnachschub. Und dann macht irgendjemand „Fly away" auf dem Handy an und alle fangen an, mitzusingen. Deshalb lässt Maren ihr Handy wieder in die Tasche gleiten. Fünf Minuten später bestellt sie Spaghetti aus dem Parmesanlaib mit Trüffeln und ist froh, als das Essen kommt. Neben ihr geht es um die Zukunft der Zeitungen. Die zwei Frauen gegenüber auf der anderen Tischseite arbeiten offenbar bei demselben Online-News-Portal. Sie erzählen von Nachtschichten und Frühdiensten und davon, wie sich die Arbeitsbedingungen immer mehr verschlechtern würden.

Will halt keiner für Nachrichten bezahlen, wenn die Geschichten online im Netz stehen und nicht gedruckt am Kiosk liegen. Die Arbeit ist doch dieselbe, warum kapiert das eigentlich keiner? Und die Printmedien gehen deshalb auch den Bach runter.

Haben die früher eigentlich auch alle so schnell geredet? Immer, wenn Maren gerade etwas sagen will, hat sie das Gefühl, dass es nicht mehr passt. Dass sie zu spät kommen würde. Sie hätte zum Beispiel gerne erzählt, dass sie tatsächlich noch eine Tageszeitung im Abo haben. Hat es aber dann doch nicht gesagt, weil die Zeitung seit Monaten ungelesen im Altpapier landet. Seit Theas Geburt eigentlich. Immer wieder wandert Marens Blick aufs Handy. Sie spürt, dass sie es kaum noch erwarten kann, dass es 20 Uhr wird und Marco mit Thea das Restaurant betritt.

Um 19.52 Uhr kommt eine WhatsApp-Nachricht von Marco. Thea sei gerade eingeschlafen. Er würde mit der Muttermilch im Kühlschrank locker hinkommen. „Du kannst also ungestört mit deinen Mädels weiterfeiern, du kleine Partybombe. Und vor drei Uhr morgens will ich dich hier zu Hause nicht sehen ;-)!" Wie lieb von ihm. Doch über Maren schwappt ein Tsunami der Enttäuschung herein. Es wäre „ihr Moment" gewesen! Sie hatte es sich so schön vorgestellt, wie sich alle Frauen um sie und um Thea scharen würden und sie ein Kompliment nach dem anderen bekäme. Das einzig Positive an der Absage: Sie kann den Sekt schon jetzt trinken. Sie greift zum Glas, der erste Schluck seit deutlich mehr als einem Jahr. Sie würde es Merja gerne sagen oder jemand anderem, der sich mit ihr darüber freut, aber jetzt reden alle gerade über Merjas Hochzeit und so begeht sie diesen feierlichen Moment allein. Prost, Maren!

Sie trinkt und blickt zu Merja, die so glücklich aussieht wie noch nie, seit sie sich kennen. Dass ausgerechnet sie noch heiraten würde, da hätte Maren jede Wette verloren. Alle Statistiken sprachen dagegen. Und auch Maren hatte für sich eigentlich schon mit dem Thema abgeschlossen gehabt, als sie Marco kennenlernte. Er hatte als Referent in einer anderen Abteilung der Handwerkskammer angefangen. Als Verantwortliche des internen Mitarbeitermagazins war Maren auch dafür zuständig, Interviews mit den neuen Kämmerlingen zu führen, wie sie es hier in der Handwerkskammer nannten. Marco sagte nicht Kämmerling, weil sich das wie Sträfling anhöre. Ob sie das so drucken solle, hatte Maren dann gefragt, und er sagte, dass das darauf ankomme, wie viel Humor die in dem Laden hätten. Und dann hat Maren die nächste Frage einfach weggelassen und stattdessen gefragt, ob sie nicht mal ein Bier trinken gehen wollen.

Maren schaut auf die Uhr. 22 Uhr. Sollte es nicht langsam mal losgehen? Mit ihrem Zahnstocher und Kaffeesatz malt sie gerade Linien am Rand der Espressotasse, als Merja ruft: *„Schulz! Wir kommen!"*

Endlich! Neue Location, neues Glück. Vielleicht würde Maren dort besser in den Abend hineinfinden. Wenn nicht da, dann würde es schließlich nirgendwo klappen. Der Laden ist schließlich so was wie ihr altes Wohnzimmer. Ein Heimspiel. An einer Straßenecke auf dem Weg ins *Schulz!* verteilt Nadine Schnäpse für alle. Maren macht sich gar nicht erst die Mühe, das in den Promillerechner einzugeben. Schnaps ist nicht drin. Es ist nasskalt, auf der anderen Straßenseite stehen frierende Prostituierte mit Stiefeln und Bomberjacken. Überall klirrt und scheppert es, es stinkt nach Urin und kaltem Rauch.

Erst jetzt merkt sie, dass ihre Wege zuletzt unter einer Käseglocke entlangführten. In sicheren Kreisen um das Nest herum, manchmal an die Elbe oder in den Park, aber meist in den Supermarkt und die Drogerie. Sie kennt inzwischen jeden Stein in ihrem Viertel, jeden Aushang an Straßenlaternen und Litfaßsäulen.

Als sie das *Schulz!* betreten, zieht sich Maren instinktiv den Schal vors Gesicht und hat das Gefühl, dass sie keine Luft bekommt. Das *Schulz!* – tatsächlich nicht größer als ein Wohnzimmer – ist bis zum Anschlag voll. Sitzplätze gibt es nicht mehr. Und Stehplätze im Grunde auch nicht. Überall tanzen Leute, auch Merja und die anderen wippen sofort zu irgendeinem Schlager mit. Maren schnappt nach Luft. Sie wird später duschen müssen zu Hause, so eingeräuchert kann sie sich ja schlecht neben Thea legen. Ein Blick auf die Uhr. Gerade mal 22.30 Uhr. Wenn sie sich beeilt, könnte sie vielleicht noch ein zweites Glas trinken. Der Gedanke daran hebt ihre Laune sofort. Aber der Tresen scheint unerreichbar. Sie schiebt sich an Jacken, Taschen und Rucksäcken vorbei und erwischt den Tresen dann zumindest mit einer Hand. Es dauert zehn Minuten, bis sie den Sekt endlich in den Händen hält. Sie leert das Glas in zwei großen Schlucken. Ihre Beine fühlen sich schwer an und ihre Füße signalisieren ersten Protest gegen die hohen Absätze. Der Sekt geht sofort in den Kopf. Maren klammert sich an den Tresen. Sie blickt in den Raum und weiß, was sie jetzt tun müsste: rüber zu Merja auf die andere Seite des Tresens gehen, sich durch die brodelnde Masse durchtanzen, sich unterhalten, lachen, die Augen schließen und weitertanzen, an der Jukebox ihre Lieblingslieder wählen, Wiebke vielleicht am Kickertisch unterstützen. Abfeiern halt. Was sie tut: in der Handtasche nach dem Handy suchen. 22.40 Uhr. Keine Nachricht. Was Marco und Thea jetzt wohl machen? Schläft sie schon? Oder weint sie, weil Mama nicht da ist? Vielleicht schreibt Marco nur deswegen nicht, weil er ihr nicht den Abend verderben will. Maren schreibt: „Wenn es irgendwie anstrengend ist, kein Problem. Ich kann auch eher kommen." Die Antwort folgt prompt: „Jetzt lass doch mal die Finger vom Handy und mach dir keine Sorgen – mach dir einfach mal einen schönen Abend."

Maren steckt das Handy zurück in die Tasche und spürt den Alkohol jetzt sehr deutlich. Obwohl die eigentliche Party eben erst begonnen hat, fühlt sie sich so, als hätte sie bereits einen Marathon hinter sich. Beziehungsweise einen Halbmarathon, denn die zweite Hälfte liegt ja noch vor ihr. Ein Abend, der bisher irgendwie ohne sie stattgefunden hat. Ist das etwa ihre Schuld? Oder die der anderen? Aber würde das einen Unterschied machen? Es fühlt sich alles falsch an. Zigarettenrauch steigt ihr in die Nase und belegt ihre Atemwege. Maren denkt daran, wie sie vorhin noch zu Hause am Fenster gestanden und an Theas Köpfchen gerochen hat. Doch es ist jetzt egal, wie sehr sie sich konzentriert – sie kann sich nicht erinnern, wie genau es gerochen hat. Und dann weiß sie, dass er tatsächlich irgendwann einmal ganz weg sein wird, der Geruch.

Diese Erkenntnis macht Maren traurig. Sie würde das gerne jemandem sagen, aber sie weiß nicht, wem. Und sie weiß auch, dass Tresen wie dieser im *Schulz!* nicht gezimmert wurden, um über den Duft eines Säuglingskopfes zu sprechen. Womöglich weiß sie das sogar besser als viele andere hier.

Plötzlich spürt Maren, wie eine Hand sie am Arm greift und an ihr zieht. Es ist Merja. Sie führt sie auf die Tanzfläche, wo die anderen schon zu irgendeinem Boygroup-Hit tanzen. Take That? Backstreet Boys? Völlig egal. Jetzt muss ich es schaffen, sonst hat das alles keinen Sinn gehabt. Also beginnt Maren, sich zu bewegen. Sie beugt die Knie und schlottert mit den Beinen, schwenkt die Arme, schunkelt mit dem Becken, ihre Lippen formen Worte. Sie spürt jede einzelne Bewegung und hat doch keine Idee, wie sie alles zusammenbringen soll. Es dauert drei Lieder, bis es sich für sie nach Tanzen anfühlt. Bis ihre Bewegungen zu einer Einheit verschmelzen. Bis ihr Körper, der neun Monate lang das Zuhause für ein Kind war und seither schon vier Monate lang Transportmittel und Trinkstation, die Hüften wieder bewegen kann. Wobei sie früher danach geschielt hätte, wie ihr Tanzstil beim anderen Geschlecht ankommt. Doch jetzt würde sie schmachtende Blicke ignorieren. Komplett. Sie will einfach nur tanzen. Merja und die anderen stehen inzwischen am Rand der Tanzfläche, trinken Schnaps und lachen viel. Einmal kurz stellt sich Maren dazu, aber im ganzen Lärm versteht sie die Worte kaum. Also tanzt sie weiter und schließt die Augen.

Und dann spürt sie plötzlich zwei Hände an ihrer Hüfte. Merja hat echt zu viel Schnaps getrunken, denkt Maren kurz, doch dann wandern die Hände gezielt in Richtung ihrer Brüste. Maren packt reflexartig die Arme und stößt sie weg. „Du Arschloch!", brüllt sie dem Mann mit Käppi hinterher, der im selben Moment in der Menge verschwindet. Maren atmet schnell, steht still und wankt trotzdem. Ihre Brüste schmerzen. Vielleicht hatten sie es auch vorher schon getan, aber jetzt spürt sie es ganz deutlich. Sie kämpft sich durch in Richtung Toilette. Als sie die Kabinentür hinter sich schließt, rauscht es in ihren Ohren. Der Bass dröhnt so laut, dass die Toilettenpapierhalter klappern. Auf dem Betonboden liegen Kippen, Kaugummireste, Kronkorken, Limettenscheiben, einzelne Klopapierblätter. Nebenan kotzt jemand oder würgt zumindest. Jetzt einfach schnell machen. Maren holt die Milchpumpe aus ihrer Handtasche und drückt, lässt los, drückt, lässt los. Früher war ich zur Druckbetankung hier, heute zur Druckentladung, denkt sie. Plötzlich rutscht sie mit der Hand ab, die Flasche fällt auf den Boden, die Pumpe löst sich und die Milch ergießt sich auf den schmutzigen Boden. Sie schaut erschrocken hinunter, aber dann ist sie plötzlich fasziniert von diesem Anblick, wie sich dort unten auf dem Estrich einer Unisextoilette ihre Muttermilch mit den üblichen Resten einer Partynacht vermischt. Es wird Zeit, nach Hause zu gehen, denkt Maren. Sie will höchstens noch eine halbe Stunde durchhalten, aus Höflichkeit Merja gegenüber.

Früher hatte es Abende gegeben, an denen sie nicht wusste, wie sie nach Hause gekommen war. Und heute weiß sie es auch nicht. Sie weiß nur, dass die Luft draußen so klar gewesen war, dass sie nicht wieder reingehen konnte ins *Schulz!*. Klar und kalt. Dann war sie langsam losgetapert, war immer schneller geworden, bis sie den ganzen Weg nach Hause gerannt war, so schnell sie es auf ihren hohen Absätzen konnte. Vor der Wohnungstür hatte sie sich ihre Pumps ausgezogen. In der Wohnung war alles still gewesen, als Maren über den Flur ins Badezimmer schlich. Sie hatte geduscht, so heiß und lang, bis sie sicher war, dass sie nicht mehr nach *Schulz!* roch. Dann war sie wie eine Schlange unter die Decke geschlüpft und hatte sich neben Marco und Thea, die im Beistellbett direkt an Marens Seite schläft, gelegt.

Jetzt greift sie nach ihrer Hand und lauscht ihrem Atem, setzt sich dann aber noch einmal im Bett auf, um sich über Thea zu beugen, denn vor allen Dingen möchte sie jetzt an ihrem Kopf schnuppern und ihren Geruch in sich aufsaugen – diesen Duft, der ihr jetzt so rein und warm und herrlich erscheint wie noch nie zuvor.

Mai. Das erste Mal

Das Lustigste, was Ilka seit Monaten, nein Jahren, gehört hat, war die Frage, ob sie eine Affäre hätte. Sie und Ben waren bei den Nachbarn im obersten Stock zu einer Party eingeladen und Ilka hatte Babyfon-Dienst, was dazu führt, dass sie im 30-Minuten-Takt durchs stockfinstere Treppenhaus hetzt, den Vermieter dabei für seine Unfähigkeit verflucht, einen vernünftigen Elektriker zu rufen, und dann nach Kräften versucht, Tochter Manu zum Weiterschlafen zu überreden. Und offenbar – was sie nicht weiß – rennt dieser Nachbar Christoph aus dem ersten Stock, der an dem Abend auch Babyfon-Dienst hat, immer drei bis fünf Minuten nach ihr los. Als Ilka gegen 22.45 Uhr mit verstrubbelten Haaren und müdem Blick wieder durch die Wohnungstür der Nachbarn zurück auf die Party stolpert, lachen jedenfalls alle und diese Rothaarige fragt, ob sie eine Affäre hätte. Das findet Ilka erstens lustig, weil ihr in dem Moment aufgeht, dass die Idee genial wäre. Also die mit dem Babyfon-Date im Treppenhaus. Zweitens findet sie es lustig, weil Ben bei der Frage erst ein sehr seltsames Gesicht macht und dann in der nächsten Sekunde sein Bier fallen lässt, als auch noch Nachbar Christoph mit ebenfalls zerzaustem Haar zurückkommt. Dann lachen alle noch viel mehr, auch Ben. Zumindest tut er so, als fände er das auch wahnsinnig lustig. Den Rest des Abends übernimmt er den Babyfon-Dienst. Es wird dennoch ein langer Abend, was für sie beide heißt, dass sie sich um 23.40 verabschieden, demonstrativ gemeinsam natürlich, und zurück in ihre Wohnung gehen.

Und dann liegen Ilka und Ben nebeneinander im Bett und sprechen nicht mehr von dem Babyfon-Witz. Wenn man jetzt über den Witz spräche, dann müsste man auch über so viel anderes sprechen, und das ist einfach zu anstrengend. Kurz bevor Ilka einschläft, denkt sie, dass das Lustigste an der Frage mit der Affäre im Grunde ist, dass es stimmt.

Ilka hat eine Affäre, und zwar laut Schwangerschafts-App seit Woche 37 plus 6. Alles hatte – und das war vielleicht der größte Witz – beim Geburtsvorbereitungskurs begonnen. Später hat sie Jens mal gefragt, ob er irgendwie verrückt sei oder ob er einen Fetisch für dickbäuchige Frauen habe, die so tun, als ob sie Wehen hätten und dabei hechelten. Er hat gelacht.

Es gibt Statistiken darüber, wo sich Paare kennenlernen. Top eins: im Freundes- und Bekanntenkreis, Top zwei: beim Ausgehen, Top drei: im Job, Top vier: beim Sport, Top fünf: im Internet. Es gibt auch Statistiken, die dasselbe behaupten, nur von hinten nach vorne. Gemeinsam haben alle, dass es „Geburtsvorbereitungskurs" als Ort des Kennenlernens nicht ins Ranking geschafft hat.

Dafür gibt es gute Gründe. Einer dürfte sein, dass Menschen, die an einem Geburtsvorbereitungskurs teilnehmen, in der Regel schon einen Partner haben. Und damit erübrigen sich auch alle anderen denkbaren Gründe, die etwas damit zu tun haben könnten, dass es im Geburtsvorbereitungskurs um lauter peinliche Sachen geht und dass alle Wollsocken tragen.

Ilka hatte einen Kombikurs gebucht, acht Sitzungen, davon die ersten vier ohne Partner (für die richtig peinlichen Fragen) und die letzten vier mit (für die richtig, richtig peinlichen Fragen). Bei der ersten Partnersitzung sollte es dann darum gehen, wie der werdende Vater seine gebärende Frau unterstützen kann. Zum Beispiel durch eine Lockerungsmassage. Ilka erinnert sich noch, wie Jens auf der anderen Seite des Sitzkreises gerade die Pobacken seiner Partnerin massierte („Äpfel schütteln") und dabei ständig zu Ilka rüberguckte, die wiederum von Ben die „Äpfel" geschüttelt bekam, was beiden gleichermaßen unangenehm war. Ben machte jedenfalls Bewegungen, als ob er die Heckscheiben eines Autos putzte, und Ilka war froh, dass sie das nicht auch noch mitansehen musste. Erst hatte Ilka gedacht, Jens hätte was mit den Augen. Oder sie. In der Woche darauf dann war Ilka allein beim Kurs. Ben lag mit einem grippalen Infekt zu Hause. So nannte er es jedenfalls, wenn er sich mehr als zweimal pro Tag die Nase putzen musste.

Richtig viel verpasste er durch sein Fernbleiben nicht. Es ging in dieser Woche um das Stillen. Dabei kam eine Babypuppe zum Einsatz, die alle Frauen einmal so halten sollten, wie sie es für richtig hielten, und dann sollte man so tun, als ob man das Baby an die Brust anlege. Ilka ist jedenfalls der Meinung, dass diese Stillpuppe durchaus auch etwas für die ersten Treffen unter Frauen gewesen wäre. Nach zehn Minuten Trockenstillen hatte sie erst mal genug und huschte aus dem Raum runter in den Hof. Luft schnappen. Jens kam nur wenig später nach. Er steckte sich eine Zigarette an, sie sprachen nicht. Standen einfach eine Weile da und schmunzelten. Als Jens beim Rauchen Ilka den Qualm aus Versehen direkt ins Gesicht pustete, entschuldigte er sich. Und Ilka sagte, dass das im Grunde das Beste an diesem Tag gewesen sei.

Ilka ging an diesem Abend so beschwingt nach Hause, als hätte sie keinen 37-plus-6-Bauch. Es gelang ihr sogar, das Watscheln so weit zu reduzieren, dass man von hinten hätte denken können, sie würde einfach nur mit dem Po wackeln. Ilka war zu dem Zeitpunkt längst im Mutterschutz und hatte zwar keine Langeweile, aber doch genug Zeit, sich die kommenden sieben Tage darüber Gedanken zu machen, was sie nächste Woche beim Geburtsvorbereitungskurs tragen würde.

Da wäre die schwarze Bluse, in der sie aussah wie ein Zelt, die blaue Bluse, in der sie aussah wie ein Zelt, oder die grüne Bluse, in der sie aussah wie ein Zelt. Oder die gepunktete Bluse, in der ihr Bauch aussah, als würde sie einen viel zu prall aufgeblasenen Luftballon vor sich hertragen, der jede Sekunde platzen könnte.

Als dann drei Stunden vor dem Kurs die Wehen einsetzten, war ihr erster Gedanke, dass sich das mit Jens dann wohl erledigt hätte. Wobei sie sich nicht sicher war, was sie genau mit „das" meinte, aber dann rauschte auch schon alles über sie hinweg, und am nächsten Tag war sie ein anderer Mensch. Sie war Mutter. Und der Moment mit Zigaretten-Jens war verflogen wie der Rauch, den er ihr ins Gesicht gepustet hatte.

Mit Ben lief es so weiter wie vorher auch und alles andere hätte sie auch gewundert. Wenn Ben und Ilka etwas gut konnten, dann als Team zu funktionieren. Das hatten sie immer schon gut gekonnt. Sie hatten sich bei einer Wattwanderung kennengelernt, die zu irgendeinem Seminar ihres Meeresbiologie-Studiums in Kiel gehört hatte. Sie waren die ganze Zeit nebeneinanderher gestapft, und wäre nicht irgendwann die Flut gekommen, wären sie wohl von Dagebüll bis nach Sylt gelaufen. Nach dieser Wattwanderung stapften sie nie mehr ohneeinander irgendwohin, sie stimmten ihre Stundenpläne aufeinander ab, saßen in den Seminaren nebeneinander, sie mochte seine Freunde, er ihre. Es gab keinen Haken.

Außer den einen. So richtig aufregend war es nie gewesen. Es hat nur einfach gepasst. Ben war der Deckel zum Topf, das fehlende Puzzleteil, Arsch auf Eimer, all das war er. Aber „Neuneinhalb Wochen" und „Ein unmoralisches Angebot" handeln eben auch nicht von Deckeln, die auf Töpfe passen. Man musste sich wohl entscheiden. Und nach einer Serie von schwierigen Typen, mit denen Ilka im Laufe ihres Studiums was hatte, war sie jedenfalls froh, dass es einfach mal passte.

Ben bekam nach dem Studium einen Job in einem Forschungsinstitut in Kiel, Ilka entschied sich auf den letzten Metern, doch noch auf Lehramt umzusatteln. Was vor allen Dingen daran lag, dass sie am Ende doch keine so begeisterte Biologin war wie Ben.

Kurz vor dem Ende des Referendariats wurde sie schwanger. Auch dazu gab es keine sehr aufregende Geschichte. Sie hatten darüber gesprochen, dass sie demnächst gerne ein Kind hätten und dass das ja auch guter Moment sei. Ein paar Wochen später pinkelte sie auf einen Teststreifen und der war dann positiv.

Ilka und Ben suchten sich eine neue Wohnung und richteten alles für das Baby ein, sie organisierten den Papierkram, sie besorgten Bettchen, Klamotten, einen Wickeltisch und einen Fahrradanhänger. Sie waren im Orga-Rausch, die Zahnräder griffen ineinander: Ben war immer zuverlässig und pünktlich, er der Mann für den Überblick, sie die Frau für die Details. Wie gesagt: Topf und Deckel.

Es lief so reibungslos, dass Ilka erst gar nicht bemerkt hatte, dass ansonsten schon lange nichts mehr lief. Bei genauerem

Nachdenken muss die Zeugung das letzte Mal gewesen sein. So, als ob es danach auch keinen Grund mehr gegeben hätte. Sie hatte noch überlegt, ob sie das Thema mal ansprechen sollte, aber ihr Bauch war inzwischen ohnehin so groß geworden, dass sie glaubte, dass es sowieso nicht mehr gehen würde. Nachdem der Bauch dann wieder weg wäre, würde sich auch der Rest sicher wieder einspielen.

Als Manu auf die Welt kam, war allerdings auch erst mal nicht daran zu denken. Und im Grunde wurde es von Woche zu Woche schwieriger, das irgendwie lässig anzugehen. Sex ist plötzlich schwer, wenn man lange keinen mehr hatte, dachte Ilka.

Neulich hatte Ben tatsächlich im Wohnzimmer mal alles hergerichtet, ein paar Teelichte angemacht und eine Schallplatte aufgelegt, weil Ilka das gern hatte. Sie hatten gerade angefangen, sich zu küssen, als im Nebenzimmer Manu zu weinen begann und Ilka sich mit der Versicherung, gleich wieder da zu sein, kurz verabschiedete.

Als Ilka wieder aufwachte, war es 3.20 Uhr in der Nacht. Sie huschte noch kurz ins Bad, um sich die Zähne zu putzen und um auch im Wohnzimmer das Licht auszumachen. Ben hatte den Sekt offenbar alleine ausgetrunken und war auf dem Sofa eingeschlafen.

Es vergingen ein paar Wochen, bis sie Jens, der in der Zwischenzeit offenbar auch Vater geworden war, zufällig in der Drogerie vor dem Regal mit den Babyutensilien traf. Brav beglückwünschten sie sich gegenseitig zum Nachwuchs und kauften beide irgendeinen Schnuller, obwohl weder Manu noch Jens' Sohn Jannis bis dahin jemals einen Schnuller hatten.

Sie schoben nebeneinander mit den Kinderwagen durchs Viertel, ohne darüber zu sprechen, wo sie eigentlich hinwollten.

„Habt ihr noch Kontakt zu den Leuten aus dem Kurs?", fragte sie. Er schüttelte den Kopf. „Sind bei euch die Nächte gerade auch so schlecht?", fragte er. Ilka nickte und fragte sich, warum sie sich seit 35 Minuten in kürzest möglichen und belanglosen Fragen unterhielten, die wahlweise mit Nicken oder Kopfschütteln beantwortet werden konnten.

„Rauchst du eigentlich noch?", fragte Ilka dann. Da grinste Jens und steckte seine Hand vielsagend in seine Hosentasche. „Aber nur heimlich."

Am nächsten Tag trafen sie sich wieder, am übernächsten auch. Die Sätze wurden langsam länger. Sie sprachen über alles Mögliche, Ilka konnte manchmal gar nicht sagen, worüber. Aber über sich sprachen sie nie. So, als ob es den Zustand erst wirklich geben würde, wenn er auch ausgesprochen wäre. Manchmal schwiegen sie auch, und das mochte Ilka am liebsten. Denn allein das Nebeneinanderherlaufen bedeutete schon maximale Koordination aller Sinnesorgane. Jens erzählte auch manchmal von seinem Job. Selbstständiger Grafiker oder Artdirector, es klang jedenfalls toll. Er machte die Designs für etliche Produkte, Verpackungen, Marken, Homepages. Sie versuchte, sich die Namen zu merken, und abends versuchte sie im Internet, seine Handschrift in irgendwelchen Symbolen wiederzuerkennen. Das Gute an seinem Job war, dass er sich seine Zeit selbst einteilen konnte. Und Ilka hatte ja jetzt sowieso immer Zeit.

Wenn Ben sie abends fragte, was sie den Tag über gemacht hatte, dann sagte sie, dass sie spazieren gewesen war. Und das stimmte ja auch. Die Spaziergänge mit Jens wurden irgendwann zum zentralen Punkt des Tages, um den sich alles andere herumsortierte. Nummern hatten sie nie ausgetauscht, sie verabredeten sich immer einfach für den nächsten Tag, trafen sich an Bänken, Straßenecken, vor Geschäften, sie spazierten durchs Viertel und durch die Parks. Und wenn sie besonders weit gelaufen waren, dann steckte sich Jens eine Zigarette an und pustete Ilka den Qualm ins Gesicht. Und einmal hat er sie auch ziehen lassen, weil sie es gerne wollte. Und dann haben sie sich geküsst. Es war ein kurzer Kuss, ein Aschenbecher-Schmatzer. Er kam aus dem Nichts und er war im Grunde völlig überflüssig. Ein Kuss mit dem spitzen Mund ist wie Mineralwasser „medium". Dann lieber still. Dennoch spürte Ilka den Medium-Kuss noch lange auf dem Lippen und den Geruch nach starkem, kaltem Tabak. Ihre letzte Zigarette war viele Jahre her und sie hatte jahrelang keinen Gedanken mehr daran verschwendet. Und jetzt lag sie am Abend im Bett und erinnerte sich an den Qualm, als wäre es ein liebliches Eau de Toilette.

Ein schlechtes Gewissen hatte sie deswegen nicht. Es war ja auch im Grunde nichts passiert. Sie ging halt jeden Tag mit einem Bekannten spazieren. In der Elternzeit macht man eben Sachen, lernt Leute kennen und trifft sich dann, um mit dem Kinderwagen durch die Straßen zu schieben. Nur wegen Manu tat es ihr manchmal leid. Sie musste jetzt manchmal an diese Frau denken, die sich einen Hund nur angeschafft hatte, um einen Grund zu haben, jeden Tag das Haus zu verlassen und ihren Liebhaber zu sehen. Sie hat nie herausgefunden, ob die Geschichte stimmte. Und so ist es ja auch keinesfalls bei ihr. Aber manchmal fühlte es sich so an.

Jedenfalls beschließt Ilka am Tag nach der Party, dass sie so langsam auch mal was machen müsste, was nichts mit den Spaziergängen mit Jens zu tun hat. Ben hat neulich auch schon so was Seltsames gesagt: „Meine Kollegen erzählen immer von ihren Frauen, die in ihrer Elternzeit lauter neue Freundinnen kennengelernt haben." „Ja, und?" „Ich mein ja nur", sagte er. „Das würde dir bestimmt auch mal guttun. Da könnt ihr euch mal austauschen und die Zeit geht schneller rum." Ilka beteuerte, sie würde sich nicht langweilen und sei darüber hinaus auch nicht der Typ für so Frauenklüngelkram. Dennoch nahm sie sich vor, doch mal irgendwas zu machen. Dann wären alle zufrieden und sie wäre auch ihr schlechtes Gewissen los. Das Angebot war ja schließlich wirklich groß genug.

Sie entscheidet sich, zu diesem offenen Stilltreff zu gehen, der um die Ecke in der „Elternschule" angeboten wird. Der ist unverbindlich, kostenlos und vor allen Dingen am Vormittag. Und das ist das Wichtigste, denn am Nachmittag will sie schließlich wieder spazieren gehen.

Der offene Stilltreff ist offenbar so was wie ein Happening. Jedenfalls steht in der Eingangshalle des Behördenbaus eine Armada aus Kinderwagen aller Größen und Farben. Die kennen sich bestimmt alle schon, denkt Ilka. Schwellenangst, wie früher, wenn man zu spät in die Schule kam und dann noch eine Minute vor der verschlossenen Klassenzimmertür stand, weil man Angst vor dem Moment hat, wo alle gucken. Und so wartet auch Ilka jetzt einen Moment, bevor sie die Klinke runterdrückt. Doch dann ist alles ganz anders, als sie es angenommen hat. Erst nimmt sie jedenfalls an, dass sie sich im Raum geirrt hat, aber dann stellt sich heraus, dass ein Großteil der Kinderwagen draußen zu den Müttern gehört, die nebenan beim Babyturnen sind. Hier beim Stilltreff sitzen jedenfalls nur noch zwei andere Frauen. Die aber begrüßen sie freundlich, bieten ihr einen Kaffee an und reichen ihr eine Schale mit Keksen.

Ilka bleibt eine Stunde, in der zu ihrer Überraschung tatsächlich niemand stillt. Dafür werden ziemlich viele Kekse gegessen. Und mehr kann man vielleicht auch nicht erwarten. Nach den 60 Minuten hat sie immerhin zwei neue Freundinnen gefunden, jedenfalls würde sie das später Ben so erzählen, und angesichts der Tatsache, dass sie nun bei beiden bestens Bescheid weiß, wie sich das mit dem Pupsen und dem Ausfluss nach der Geburt entwickelt hat, welche Still-BHs sie tragen und wie es in den jeweiligen Partnerschaften so läuft, würde sie das ja wohl mit Fug und Recht so behaupten können.

Für Ilkas Geschmack hätte man die Gespräche auch mit weniger Details bewerkstelligen können, aber so ist sie wenigstens mal up to date und weiß, was andere Mütter so machen, während sie mit einem anderen Mann spazieren geht. Und worüber sie reden. Außerdem sind das Sachen, über die sie mit Jens nie spricht. Ob man seine Babys auf dem Bauch in Kinderwagen legen kann, ob Body und Pullover bei dem Wetter nicht zu viel sind, ob es nicht auch mal ohne Mützchen geht, ob man schon mal ein Fläschchen gegeben hat und wenn ja, welches, und vor allen Dingen, mit welchem Inhalt, denn auch da gibt's ja große Unterschiede, ob Muttermilch oder Pre-Milch und dann welche.

Dinge, über die sich Ilka bisher jedenfalls noch keine Gedanken gemacht hat. Warum eigentlich nicht? Und wie kann es sein, dass sie sich derart verfranzt hat mit dieser wandelnden Rauchsäule, mit der sie ziellos durch die Gegend irrt. Was will sie denn eigentlich?

Der allnachmittägliche Spaziergang mit Jens fällt heute kurz und knapp aus. Es gießt wie aus Eimern und nachdem sie eine halbe Stunde unter dem Vordach eines Kinderbekleidungsgeschäftes gestanden haben und ihre zunehmend unruhig gewordenen Kinder bespaßen mussten, brechen sie ab. Das ist zwar schon vorher mal so gewesen, aber heute fühlt es sich komisch an. Was ist nur mit diesem Tag los?

Abends sitzt sie dann mit Ben auf dem Sofa. Er trägt dieses Holzfällerhemd, das sie früher so gern hatte. Er hat es sich wahrscheinlich extra angezogen. Aber jetzt gerade weiß sie gar nicht mehr, warum sie es mal gemocht hat. Ben hat Nüsschen in eine Schale getan und Oliven. Sie essen und trinken und dann fragt Ben plötzlich, ob sie glücklich ist, und sie sagt Ja. „Das ist schön", erwidert Ben, und Ilka ist erst ein bisschen enttäuscht, weil ihm das als Antwort offenbar reicht. Doch dann sagt er: „Ich hab manchmal den Eindruck, dass du irgendwie abwesend bist und in dich gekehrt und irgendwie so ernst." Ilka setzt sich erst mal gerade hin und räuspert sich. „Also, ja, ich bin vielleicht oft etwas müde im Moment, das ist schon so. Und irgendwie muss ich mich ein bisschen neu sortieren." „Was meinst du denn mit neu sortieren?" Noch gerader kann sich Ilka nicht mehr hinsetzen. Sie sagt: „Ich meine mit allem, also jetzt ist Manu ja da und alles ist anders und irgendwie auch nicht. Ich hab jedenfalls manchmal das Gefühl, dass ich ab jetzt immer weiß, was in fünf Jahren ist." „Was ist denn in fünf Jahren?", fragt Ben. „Da haben wir wahrscheinlich zwei Kinder und dann ziehen wir aufs Land und dann werden die Kinder groß und ich bin verbeamtet und arbeite dann bis 55 und dann Altersteilzeit und so was halt. So was meine ich."

Mit einem Mal setzt Ben sich auch sehr gerade hin und sagt: „Ich habe jemanden kennengelernt." Und dann sagt er noch ein paar Sätze danach. Irgendwas von der Arbeit – neue Kollegin. Ilka steht auf, öffnet die Wohnungstür und geht die Treppe runter, raus auf die Straße. Sie läuft in den Park, kauft auf dem Weg Zigaretten und ein Feuerzeug, setzt sich auf die Bank im Park, auf der sie gestern zuletzt mit Jens gesessen hat, steckt sich eine an und raucht sie auf, als hätte sie gestern zum letzten Mal eine geraucht.

Sie raucht noch eine und noch eine. Als sie zurück nach Hause kommt, sitzt Ben immer noch auf dem Sofa. Ilka bleibt im Türrahmen stehen und merkt, dass sie nach Qualm riecht. „So, jetzt mal die Eckdaten!", sagt sie. „Schon mal dran gedacht, dass wir ein kleines Kind zu Hause haben und dass wir hier eine Familie sind? Was soll das denn eigentlich? Und noch wichtiger: Wie lange geht das denn schon?" Ben ist inzwischen aufgestanden und läuft irgendwie planlos durch den Raum. „Da geht gar nichts, ich bin doch kein Idiot", sagt Ben. „Ich hab nur jemanden kennengelernt, durch den mir klar geworden ist, dass bei uns gerade irgendwie echt die Luft raus ist." Jetzt ist Ilka doch irritiert: „Also ist da jetzt was gelaufen oder nicht?" „Nee, sag ich doch", antwortet Ben. Ilka atmet geräuschvoll und schwer aus. „Die meisten Paare würden sich wahrscheinlich noch nicht mal beichten, dass sie fremdgegangen sind, und du beichtest mir, dass nichts passiert ist. Was soll ich denn mit dieser Information jetzt anfangen?" Ben schüttelt energisch den Kopf. „Verstehst du das denn nicht, Ilka? Wir müssen doch irgendwie mal wieder zueinanderfinden als Paar. Für so ein Alte-Leute-Nebeneinanderhergelebe sind wir doch echt zu jung."

An diesem Abend finden sie nicht mehr zueinander. Miteinander zu reden ist am schwersten, wenn man schon lange nicht mehr geredet hat, denkt Ilka. Und ein bisschen gekränkt ist sie natürlich auch. Und verärgert, weil Ben es war, der die Sachen gesagt hat, die sie eigentlich hätte sagen wollen. Das ist doch jetzt alles fürchterlich vertauscht. Sie ist doch noch gar nicht fertig damit, darüber nachzudenken, was das mit diesem Jens ist, und dann kommt Ben ihr dazwischen mit so einer Amateurbeichte.

Die folgenden Tage verlaufen irgendwie wie im Film. Sie schleichen so komisch umeinander herum und aneinander vorbei und besprechen, wer was einkauft, und jeder Satz fühlt sich an, als ob er entscheidend für irgendwas sein könnte. Sie werden sorgsam vorbereitet und zurechtgelegt und so klingen die Sätze auch.

Ben geht ganz normal zur Arbeit, Ilka kümmert sich um Manu, die von den Irrungen und Wirrungen ihrer Eltern offensichtlich nichts mitbekommt. Sie ist so, wie sie immer ist: ein ziemlich entspanntes Kind. Gut, dass hier wenigstens einer entspannt ist, denkt Ilka.

Jens ist diese Woche nicht da. Er ist mit seiner Frau auf Mallorca, was Ilka sowieso schon nur missmutig ertragen hat, aber gerade in dieser Woche, in der so ein Stein ins Rollen gebracht worden ist, hat sie das Gefühl, sie muss dem Ganzen jetzt auch mal eine Wendung geben, irgendeinen Knopf drücken, damit dieser doofe Stein nicht wie bei einem endlosen Flipperspiel durch ihre Wohnung ballert.

Das einzig Gute an dieser Woche ist, dass sie endlich mal ganz bewusst Zeit mit Manu verbringt, ohne gedanklich Spaziergänge vor- oder nachzubereiten.

Was ihr nun bevorsteht, ist diese Party. Wieder bei den Nachbarn, aber dieses Mal ganz unten. Sie würde natürlich mit Ben zusammen hingehen, aber in Partystimmung sind sie in Wirklichkeit nicht gerade.

Am selben Tag, es ist ein Donnerstag, wird Jens wiederkommen. Er landet morgens, und nachmittags können sie wieder spazieren gehen. Sie haben sich für 15 Uhr vor der Kinderboutique an der Ecke verabredet. Und auch das steht ihr jetzt irgendwie bevor.

Vorher ist aber erst mal wieder der Stilltreff, zu dem sie fest zugesagt hat. Sie will ihre beiden neuen Freundinnen nicht gleich in Woche zwei verprellen. Also schiebt sie mit ihrem Wagen wieder rüber und öffnet ohne Schwellenangst den Seminarraum.

Dieses Mal sind drei Frauen da. Erst bemerkt Ilka nichts. Sie zieht sich und Manu die Jacken aus, nimmt Platz und trinkt einen Schluck Kaffee. Doch dann schaut Ilka noch einmal genau hin. Die Frau hätte sie niemals wiedererkannt. Sie ist so braun gebrannt. Sie sieht inzwischen irgendwie anders aus und der Bauch ist natürlich auch weg. Aber das Baby, das kennt sie. Nach Manu im Grunde so gut wie kein anderes Baby auf der Welt. Das ist Jannis. Und wenn das Jannis ist, dann ist das ja … In dem Moment spricht die Frau sie an. „Mensch Ilka, das ist ja ein Zufall, wie lustig." Sie weiß ihren Namen. Wieso weiß sie ihren Namen? „Nadja?", stammelt Ilka. Nadja lacht. „Ja, das wurde ja auch langsam mal Zeit, dass wir uns auch mal treffen." Wie meint sie das jetzt? Wieso wurde das auch mal Zeit? Das ist jetzt alles zu viel. „Mein Mann erzählt immer so viel von dir und ich hatte ihn schon nach deiner Nummer gefragt, aber die hat er auch nicht. Er hatte mir hoch und heilig versprochen, dich danach zu fragen, wenn ihr euch heute trefft, aber jetzt kann ich dich ja auch direkt fragen." Das sind eindeutig zu viele Informationen. Aber jetzt ist keine Zeit zum Denken, jetzt muss sie irgendwas sagen: „Ja, das ist ja wirklich ein Zufall. Mensch. Ja, wirklich. Also klar, meine Nummer. Die geb ich dir." Und dann tauschen sie die Nummern aus und Nadja schlägt vor, dass sie sich ja auch mal verabreden könnten. Nur nachmittags nicht. Das sei ihre „heilige Zeit für sich". „Da mach ich immer eine Stunde lang was für mich, und wehe, Jens kommt früher nach Hause", sagt sie und stupst sie an und das soll wohl irgendwie neckisch rüberkommen.

Als Ilka wieder auf dem Rückweg ist, scheint die Sonne, als hätte es den Winter nicht gegeben. Während der einen Stunde hat sich die Jahreszeit geändert. Und alles andere auch. Ilka ist plötzlich wahnsinnig müde. Ihre Beine sind schwer und ihr Kopf pocht. Die Einkäufe erledigt sie wie in Trance. Windeln, Feuchttücher, Gläschen. Dafür braucht sie nach all den Wochen auch keine Gehirnleistung mehr. Zu Hause angekommen, trägt sie die schlafende Manu in ihr Bett und legt sich dazu. Und dann schläft sie ein. Um 14.30 Uhr wacht sie auf, liegt wach und denkt nach. Es wird 14.45. Es wird 15 Uhr. Sie kuschelt sich fest an Manu und fällt noch einmal in einen tiefen Schlaf.

Am Abend geht sie mit Ben zu den Nachbarn. Sie hat Babyfon-Dienst an diesem Abend. Als sie kommen, ist die Party schon im Gange. Jedenfalls ist die Bude voll und die Musik laut. Irgendeinen Vorteil muss es ja haben, auch noch ein paar Studenten im Haus zu haben, die keine Häppchen-rumsteh-Partys machen und gleichzeitig so gut erzogen sind, dass sie auch die älteren Nachbarn im Haus, zu denen Ilka und Ben erschreckenderweise gehören, einladen. Ben scheint sich prächtig zu amüsieren. Er ist jedenfalls irgendwie in Fahrt. Und er hat wieder dieses Holzfällerhemd an, das er schon damals oft im Studium anhatte. Er sieht damit sehr jung aus, so wie damals. Und dann beginnt er, eine Geschichte aus ihrer Studienzeit zu erzählen. Von diesem Waldorfpädagogen mit den Wollknäueln, und sie hatte es immer geliebt, wenn er die erzählte. Es ist zu absurd. Die Aufgabenstellung war, Probleme nicht in der ersten Person zu erzählen, sondern statt „Ich" immer in der dritten Person. „Wir saßen jedenfalls in einem albernen Stuhlkreis", erzählt Ben. „Und dann der eine so: Also der Jonathan findet es wirklich doof, dass bla, bla, bla, und dann warf der Jonathan das Knäuel zur Sabine und die Sabine sagte, dass die Sabine jetzt irgendwie irritiert sei, weil bla, bla, bla, und dann warf sie das Knäuel zu Ilka und die sagte …" Jetzt schauen sie alle erwartungsvoll an. Ben will gerade weitererzählen, da räuspert sich Ilka. Denn eigentlich erzählen sie die Geschichte immer gemeinsam. Also in verteilten Rollen. Und dann tut Ilka so, als ob sie das Wollknäuel fangen würde, und sagt: „Also die Ilka, die geht jetzt."

Die Geschichte funktioniert immer. Die Nachbarn lachen. Umso mehr, als in dem Moment das Babyfon anspringt und Ilka noch mal sagt: „Also die Ilka geht jetzt" und durchs Treppenhaus in die Wohnung nach oben zu Manu läuft. Es wäre im Grunde nicht nötig gewesen. Als sie an Manus Bettchen ankommt, schläft sie schon wieder tief und fest. Sie streichelt ihr nur kurz über den Kopf und geht wieder zurück. Im Treppenhaus ist es dunkel, das Licht ist mal wieder ausgefallen. Sie tastet sich an der Wand entlang, da hört sie Schritte, die ihr entgegenkommen. Sie kennt den Gang, sie hätte ihn unter Tausenden erkannt. Sie geht noch drei Stufen und dann finden sich ihre Hände und dann finden sie noch viel mehr.

Nach etwa 20 Minuten geht Ben zurück auf die Party, Ilka macht sich noch kurz frisch und kommt ein paar Minuten später dazu. Und sie nimmt sich vor, dass sie den Babyfon-Dienst in Zukunft immer gemeinsam besetzen. Geht doch nichts über eine Affäre. Also eine echte.

Juni. Patatas Bravas

Als Lena fertig ist mit dem Erzählen, verschränkt sie die Arme vor der Brust, lehnt sich zurück und fragt: „Oder meinst du etwa, das war übertrieben?" Sie sucht Anjas Blick, aber die schaut irgendwie auf ihre Füße oder den Boden. Lena räuspert sich.

Wieso sagt die denn jetzt nichts? Lena hat doch keinen Spannungsbogen ausgelassen, ihr kein Detail vorenthalten. Jetzt bitte einfach nicken und dann könnte man das Thema wechseln. Wieso sagt sie jetzt nichts? Hätte sie die ganze „Odyssee", wie Lena es nannte, lieber jemand anderem erzählen sollen? Zum Beispiel jemandem, der auch Kinder hat? Oder war es vielleicht gerade gut, mal die Meinung gewissermaßen von außen zu hören? Obwohl sie sich ehrlicherweise nicht die Mühe gemacht hat, eine halbe Stunde lang diese Geschichte zu erzählen, um sich dann noch mit irgendetwas Meinungsstarkem auseinandersetzen zu müssen, zumindest, wenn es nicht ihre Meinung ist.

Irgendwann hebt Anja dann doch den Kopf: „Also, ganz ehrlich. Du bist die Mama und du weißt am besten, was richtig ist für dein Kind. Du machst das schon." Auf den ersten Blick ist das ein sehr versöhnlicher Satz, findet Lena. Auf den zweiten: eine Frechheit. Etwas mehr hatte sie jedenfalls schon erwartet nach ihrem Monolog. Außerdem: Mehr Floskel geht ja wohl nicht. Dieses „jede Mutter weiß selbst, was für ihr Kind am besten ist", ist jedenfalls nicht mehr als eine Phrase, hinter der man sich verstecken kann, wenn man eigentlich

Dinge sagen will wie: „Es macht mich wahnsinnig, dass du jedes Spielgerät auf dem Spielplatz mit Desinfektionstüchern säuberst, bevor dein Kind mit seinen Samthänden randarf, aber die Diskussion darüber würde mich noch wahnsinniger machen." Oder: „Ich finde, so langsam könnte dein verzogener Jonathan-Ferdinand mal lernen, dass man Essen nicht durch die Gegend schmeißt, aber ich bin in fünf Minuten eh weg und muss die Erbsen ja auch gleich nicht vom Boden kratzen, sondern du."

Bin ich eine Mutter geworden, die man nur noch mit Floskeln abwimmeln kann, weil sie die Wahrheit nicht erträgt, fragt sich Lena. Das war doch eigentlich eine völlig normale Geschichte darüber, wie sie versucht hat, einen Babysitter zu finden.

Und erst mal, und das hätte sie vielleicht noch mehr rausarbeiten sollen in ihrem Vortrag eben, war das ja wahnsinnig lässig von ihr. Schließlich war Theo noch nicht mal ein halbes Jahr alt. Und irgendeinen Vorteil muss es ja schließlich auch haben, dass das mit dem Stillen nicht so hingehauen hat.

Obwohl der Impuls von Paul ausgegangen war, das hätte sie dann ehrlicherweise auch sagen müssen. Der war nämlich zuletzt oft ganz schön genervt von allem. Vor allem davon, jeden Abend mit ihr auf diesem Sofa zu sitzen und abwechselnd um das Kind herumzuschwirren und wenn es dann endlich schlief, über das schlafende Kind zu reden und darüber, was wohl der Grund für die heutige Missstimmung gewesen sein mag. Bauchweh? Hunger? Zu wenig geschlafen? Zu viel? Zu viel unternommen tagsüber? Zu wenig? Wer weiß das schon.

Aber was ihn am allermeisten nervte, war dieser „Afrikatanz", ein Tipp einer Freundin, mit dem angeblich „jedes Kind zur Ruhe kommt". Und dann ist der Tanz auch noch ganz einfach. Oder anders gesagt: Es sieht vor allen Dingen ganz einfach aus. Man trägt das Kind dabei vor sich an der Brust in der klassischen Bäuerchenposition, geht einen Schritt zur Seite, von da etwas in die Knie, dann wieder hoch und dann einen Schritt zurück und dasselbe noch mal. Also quasi Kniebeugen mit Gewicht. Und das jeden Abend. Stundenlang. Lena ist jedenfalls überzeugt, dass sie angesichts des Muskelwachstums ihrer Oberschenkel aus dem Stand und nicht ganz chancenlos bei der Tour de France mitfahren könnte. Der sportliche Erfolg war allerdings oft auch schon alles.

Bei Theo funktioniert der Afrikatanz jedenfalls nicht immer ganz so unmittelbar einschläfernd, wie es ihre Bekannte beschworen hat. Paul hatte den „Affentanz", wie er es nannte, jedenfalls zwei Abende mitgemacht und dann gesagt: „Wenn Theo so oder so brüllt, dann lieg ich dabei lieber auf dem Sofa, als Kniebeugen zu machen."

Nach einer Serie durchgetanzter Abende fand Paul, sie müssten mal wieder was nur für sich machen. Also als Paar. Zunächst versuchten sie dann einfach, Theo mit zu ihrem Stammrestaurant „Don Carlos", einem Spanier um die Ecke, zu nehmen, mussten aber feststellen, dass das wenig mit der Idee zu tun hatte, mal was für sich als Paar zu machen. Irgendwie hatten sie wie viele andern Eltern offenbar auch irgendeine Fehlfunktion beim Denken, die dazu führte, dass man glaubte, dass der Nachwuchs, der einem sonst die Bude niederbrüllt, ausgerechnet im Restaurant ein fröhlich gluckscndcs Kind sein würde. Nach der Vorspeise – Patatas Bravas wie immer – brachen sie jedenfalls ab und ließen sich den Rest einpacken.

Nach drei Versuchen, die alle mit in Alufolie, Pappschachteln und Plastiktüten verpackten Tapas endeten, entschieden sie jedenfalls, einen Babysitter zu suchen. Und Lena fand, dass sie damit ziemlich weit vorne lagen auf der Coolness-Skala jüngerer Eltern. Jedenfalls waren alle ihre Mama-Freundinnen noch weit davon entfernt, das Kind fremdbetreuen zu lassen, vor allem nicht, nur um um die Ecke ein paar Oliven zu essen.

Lenas erster Impuls war es natürlich, im Bekanntenkreis zu fragen, ob nicht irgendjemand jemanden kennt, der passen könnte. Eine Studentin, eine Schülerin, ein Au-pair-Mädchen oder Kinder von Freunden. Da dort aber weit und breit nichts zu holen war, wollten sie es im Internet versuchen. Allein für Hamburg fand Lena sechs kommerzielle Portale, die mit Vertrauenswürdigkeit, fairen Preisen und schneller Vermittlung warben. Außerdem fand sie ein gar nicht mal so kleines Angebot bei einem großen Online-Kleinanzeigen-Portal.

Und weil dort keine Vermittlungsgebühr anfallen würde, begann Lena, die sich selbst zur Babysitter-Beauftragten ernannt hatte, erst mal dort. Suchradius: zwei Kilometer. Zack, die erste Babysitterin wohnte offenbar direkt um die Ecke und wollte nur neun Euro die Stunde. „Ich biete babysitten an Fritag, Samstage, sohntage für Nacht 20 bis 8 Uhr, 9 Euro pro stunden. Und nemme 0,35 Euro Zuschlag pro min wenn das kind wache wert und bis das Kind wieder eingeschlafen ist."

Gut, immerhin war nicht jedes Wort falsch geschrieben. Aber ein Zuschlag für ein waches Kind? Wie soll das denn gehen? Mit Handyvideonachweis und Minutenzählen? Macht man das heute so?

Lena schaute erst mal weiter und fand dann die Anzeige von dieser Lina:

„Hi :-) Ich bin Lina ;-) Ich bin 19 Jahre alt und studiere Pädagogik im zweiten Semester und würde mir gerne beim Babysitten etwas dazuverdienen. Ich habe zwei kleine Geschwister und somit jede Menge Erfahrung ;-) Und könnte unter der Woche immer ab 17.30 Uhr, aber am Wochenende nur in Ausnahmefällen, da bin ich viel unterwegs (grins). Freu mich über eure Nachrichten!!!!!!!"

Lena überlegte kurz, entschied dann aber, dass es das auch noch nicht ganz war. Was auch, aber nicht ausschließlich an den Satzzeichen-Smileys lag, die diese Lina wie mit der Gießkanne einmal über den Text gekippt hatte, aber auch daran, dass sie fand, dass zwei kleine Geschwister erst mal keine Kernkompetenz waren, sondern eine Tatsache. Das ist ja, als ob man sich als Friseur bewirbt, nur weil man selber Haare hat.

Also erweiterte Lena den Radius auf ganz Hamburg. Und so stieß sie auf eine 23-Jährige mit „viel Erfahrung", die aber nur am Wochenende könnte, aber darauf bestand, dann ihren Freund mitbringen zu dürfen, weil sie eine Fernbeziehung führen würde und sie nicht wolle, dass „ihre Liebe unter der Jobsituation leide".

Dann gab es noch diese 26-Jährige, die zwar grundsätzlich auch unter der Woche Zeit habe, aber nicht länger als bis 21.30 Uhr, da sie einfach selber gerade wahnsinnig schlapp sei und dann ins Bett müsse. Und eine andere wäre zwar total flexibel, nur dienstags und donnerstags nicht. Da hätte sie Verhaltenstherapie.

Also beschloss Lena, sich doch lieber auf einer kostenpflichtigen Homepage anzumelden. Sie bräuchte irgendwie mehr Kompetenz, glaubte sie, mehr Seriosität. An einer guten Betreuung würde sie ganz bestimmt nicht sparen, das war mal klar.

Besonders weil Theo im Moment nicht ganz einfach zu handeln war, war es wichtig, dass jemand mit viel Expertise kommen würde. In letzter Zeit war er jedenfalls oft unzufrieden und maulig. Erst hatte Lena gedacht, es würde am Wetter liegen, weil sie den Winter über sehr oft zu zweit in der Bude gehockt hatten und sie manchmal den Eindruck hatte, dass nicht nur sie selbst das manchmal langweilig fand. Als dann endlich der Frühling da war, dachte sie, mehr Licht, Sonne und frische Luft würde auch die Stimmung aufhellen.

Und so hatte sie Theo in den vergangenen Wochen stundenlang im Kinderwagen durch die Gegend gefahren, ihn mit der Trage ausgeführt, war mit ihm in den Park gegangen, hatte Kuschellager auf Krabbeldecken unter Bäumen bereitet.

Aber so richtig viel genützt hat es irgendwie alles nicht. Seit ein paar Wochen war er einfach ein Quengelbüdel, was in Hamburg eine gängige Ausdrucksweise für unausstehlich war. Besonders abends konnten sie ihn keine Sekunde lang ablegen, ohne dass er losbrüllte.

Lena entschied sich für das Portal umsorgt.de, weil es eine der bekanntesten Plattformen am Markt war. Für 40 Euro im Monat würde es eine große Auswahl geben, versprach die Seite. Die Idee war außerdem, dass die Eltern hier selber die Anzeige aufgeben und sich die Babysitter dann bei ihnen direkt bewerben.

Lena fand das ziemlich schlüssig und Paul war sogar richtig begeistert, und so gab er schon die ersten Ratschläge, noch bevor Lena ein Wort in die Inserathülse geschrieben hatte. „Du musst in die Anzeige ganz genau schreiben, was wir brauchen, dann bekommen wir auch, was wir brauchen. Wer nicht sagt, was er will, bekommt auch nicht, was er will." Musste der seine Coaching-Sprüche jetzt auch noch zu Hause platzieren? Zum Glück passierte das nicht besonders oft, aber manchmal schwappte ihm nach einem langen Tag sein Berater-Sprech doch noch über den Lippenrand. Aber solange es kein Schwall wurde, sagte Lena in der Regel nichts dazu.

Also schrieb Lena los: „Wir suchen für unseren Sohn (knapp sechs Monate) einen Babysitter für ein bis zwei Abende im Monat. Er ist leider etwas anstrengend und weint auch viel und lässt sich manchmal nur schwer beruhigen. Starke Nerven und viel Erfahrung sind daher notwendig. Wir würden zwölf Euro die Stunde zahlen. Wir freuen uns über eine aussagekräftige Bewerbung."

Paul las, schüttelte den Kopf und löschte alles wieder. „Wenn du willst, dass sich niemand meldet, ist das auf jeden Fall die richtige Anzeige."

Wieso schreibt er sie nicht gleich selbst, wenn er so ganz genau weiß, wie das geht, dachte Lena, aber da hatte Paul sich auch schon die Tastatur rübergezogen. Zehn Minuten später hatte er Variante zwei fertiggeschrieben: „Wir suchen für unseren süßen Theo (fünf Monate) einen lieben Babysitter für ein bis zwei Abende im Monat. Unser Sohn hat ein einnehmendes Wesen und weiß schon sehr genau, was er will. Da kommt garantiert keine Langeweile auf. Für Babysitter, die Ambitionen haben und mehr wollen, ist Theo eine Herausforderung, die genau das richtige ist. (10 Euro VB) Wir freuen uns, von dir zu hören."

„Ja, okay", sagte Lena und versuchte, dabei so unbeeindruckt wie möglich zu klingen. „So kann man es natürlich auch machen", grummelte sie und zog sich die Tastatur wieder zurück. Stimmte ja, dass das besser klang. Als Paul kurz den

Raum verließ, löschte sie aber noch den Part mit den Ambitionen, bevor sie auf „Freischalten" klickte. Einfach, weil sie zwar glaubte, dass das man das bei den Führungskräften sagen konnte, die Paul in seinen Coaching-Seminaren beriet, aber bei einem Babysitter eben nicht. War nicht im Grunde die einzige Ambition eines jeden Babysitters ein schlafendes Kind, eine Tüte Chips, eine Couch und ein Fernseher?

Kurz nach dem Freischalten der Anzeige kamen auch schon die ersten Bewerbermails. Zwei Tage später bekam sie eine Nachricht von ihrem Mailanbieter, sie möge bitte einige Nachrichten löschen. Der Posteingang sei voll. Mehr als 40 junge Frauen hatten sich auf den Job beworben. Und im Vergleich zu dem, was Lena bisher so gelesen hatte, klang vieles davon erst mal gar nicht so schlecht, zumindest wenn Orthografie und Anzahl der Icons relevante Kategorien waren.

Nachdem Lena alle 40 Mails gelesen hatte, nahm sie acht in die engere Auswahl und konnte sich kaum entscheiden, wen sie zuerst zum Kennenlernen einladen wollen würde. Am Ende entschied sie sich für Larissa, weil sie den Namen so schön fand. Larissa wohnte nur ein paar Straßen weiter, wie sie schrieb, und bot an, gleich am nächsten Nachmittag zum Kennenlernen vorbeizukommen.

Lena mochte Larissa auf Anhieb. Larissa studierte Pflegewissenschaften an einer Fachhochschule bei Hamburg und hatte schon bei mehreren Familien mit kleinen Kindern und Babys gearbeitet. Ein echter Glücksfall! Für den Folgetag vereinbarten sie jedenfalls ein Probesitten, bei dem Larissa Theo einfach mal eine Stunde im Kinderwagen um den Block schieben sollte. Dem ersten gemeinsamen Abend mit Paul im „Don Carlos" würde also schon bald nichts mehr im Weg stehen.

Am nächsten Tag stand Larissa auf die Minute pünktlich vor der Tür. Lena hatte für sie alles zusammengepackt, um mit Theo eine Runde mit dem Kinderwagen drehen zu können. Sie wollte in der Zwischenzeit mal ein bisschen Ablage machen, die in der vergangenen Wochen natürlich viel zu kurz gekommen war.

Während Larissa geduldig am Kinderwagen im Hausflur auf ihren Einsatz wartete, fiel Lena nur leider auf, dass sie eine Sache bei der ganzen Planung überhaupt nicht eingeplant hatte: nämlich, dass sie Theo ja abgeben müsste, damit der Babysitter übernehmen könnte. Und das erschien ihr in diesem Moment einfach nur absurd. Auch konnte sie sich plötzlich nicht mehr daran erinnern, wann und warum sie sich danach gesehnt hatte, mal einen Moment für sich zu haben. Was genau wollte sie in diesem Moment denn so Großartiges machen? Ablage? Nagellack? Altglas wegbringen? Endlich „die Entdeckung der Langsamkeit lesen"? War das wirklich so wichtig?

Theo war in den vergangenen Monaten unbemerkt wie eine Art neues Körperteil für Lena geworden, fast wie angewachsen. Und das stimmte ja auf eine Art auch. Seit mehr als einem Jahr hatte sie schließlich entweder ein Baby in sich oder an sich. Mit wenigen Ausnahmen natürlich, also wenn Theo bei Paul auf dem Arm war oder sie unter der Dusche stand. Die Toilette zählte leider nicht zu diesen Ausnahmen.

Und jetzt, als die Trennung kurz bevorstand, schien Theo förmlich an ihr zu kleben. Und dann machte Lena das, was sie immer machte, wenn sie nicht weiterwusste. Sie zählte in Gedanken bis 60. Um sich zu beruhigen und sich abzulenken. Dieses Mal brachte es nichts. Sie verzählte sich mehrmals, und als sie dann doch bei 60 ankam, pochte ihr Herz immer noch.

„Lena?", rief Larissa jetzt vom Flur rüber. „Kommt ihr?" Lena stöhnte leise auf. Am liebsten würde sie hier einfach stehen bleiben und noch sehr oft bis 60 zählen, aber das bringt ja auch nichts. Also machte sie das, was sie am zweithäufigsten machte, wenn sie nicht weiterwusste: Unsinn.

Wie ein Aufziehmännchen rannte Lena durch die Wohnung und fand immer noch etwas, was sie Larissa unbedingt noch mitgeben müsste. Ersatzsonnencreme, Ersatzwindeln und einen Ersatzschnuller für den Ersatzschnuller, dazu drei kleine Fläschchen Fertig-Pre-Milch, einen Greifball und ein kleinen Stoffhasen, den sie kurzerhand zu seinem Lieblingsstofftier ernannte. „Und hier noch Theos kleiner, äh, Hasi …"

Und ein paar Anweisungen hatte sie auch noch mitzugeben. „Bitte geht nicht weiter als zur Eppendorfer Landstraße, denk an das Sonnensegel, wenn die Sonne rauskommt, und das kleine Deckchen in der Wickeltasche kannst du nehmen, wenn es kühl wird."

Aber irgendwann fiel Lena weiß Gott nichts mehr ein, was sie Larissa noch hätte sagen können. Und dann kam der Moment, in dem Lena Theo in den Wagen legte und Larissa einfach losschob.

Als die Tür ins Schloss fiel, überlegte Lena als Erstes, wie oft sie bis 60 zählen müsste, bis eine Stunde vorbei sein würde, was im Grunde – wie ihr eine Sekunde später klar wurde – nur ein weiteres Zeichen dafür war, dass sie offenbar selbst ein klarer Fall für umsorgt.de geworden war.

So auf die Art: „Liebe Babysitter! Ich bin eine 32-jährige Mutter, die ein- bis zweimal pro Monat auf Betreuung angewiesen ist, wenn sie ihren Nachwuchs auf Wunsch und gegen Bezahlung für eine kurze Zeit entführen lässt. Spezielle

Kenntnisse und Referenzen sind nicht nötig, es wäre aber gut, wenn Sie bis 60 zählen könnten."

Lena setzte sich an den Schreibtisch und öffnete die Schublade mit der Post der vergangenen Wochen. Behördenkram, Steuerunterlagen, Rechnungen. Früher war das nie länger als eine Woche liegen geblieben. Inzwischen musste man die ganzen losen Zettel und Briefumschläge mit der Hand platt drücken, bevor man die Schublade schließen konnte.

Aber war das wirklich so schlimm? Wieso wollte sie denn ausgerechnet jetzt Ablage machen? Das hat doch Zeit. Sie schaute auf die Uhr. Sechs Minuten waren schon mal rum. Sie ließ den Kopf erst auf die Hände und dann die Hände auf den Schreibtisch sinken. Und wieso mussten sie eigentlich ständig zu diesem Spanier rennen? So gut ist der nun auch wieder nicht. Außerdem liefert der auch, das wusste Paul doch auch. Runtergebrochen war es doch so: Nur weil Paul unbedingt Patatas Bravas an einem anderen Tisch als ihrem Esstisch essen wollte, ließ sie ihr Kind mit irgendeiner Larissa allein, von der sie nicht mehr wusste als die Behauptung, sie hätte Erfahrung mit Babys.

Wieso hatte sie nur gleich 60 Minuten gesagt? 30 wären doch auch gegangen. Sie schob die Schublade wieder zu und ging auf den Balkon, der zur Straße rausführte, schob den Stuhl bis ganz nach vorne ans Geländer, hielt Ausschau und wartete.

Nach einer halben Stunde flirrten die Schweißperlen auf ihrer Stirn wie bei einer Teflonpfanne. Es war heiß geworden und das beunruhigte Lena nun auch. Sie kannte sich, weil Theo ein Winterbaby war, zwar mit Walkoveralls, Strumpfhosen und Handschuhen aus, aber wie zieht man ein Baby bei

Jacke-an-Jacke-aus-Wetter an? Ein Baby hat ja in der Regel gar keine Jacke an. Als sie gerade überlegte, ob sie gleich noch mal mit Theo in das Kindergeschäft rüberschieben sollte, um dort mal zu schauen, ob sie noch was braucht, sah sie, wie Larissa mit Theo ganz hinten an der Straße um die Ecke gebogen kam.

Aber wieso kommen die nicht näher? Lenas rechter Fuß wippte unkontrolliert hoch und runter. Dann fiel Lena das Fernglas von Paul ein, das immer oben auf dem Buchregal stand. Sie hetzte rein, schnappte es, rannte wieder raus und riss dabei fast die langen Gardinen von der Stange, hielt sich das Fernglas vor die Augen, zoomte ran und: na bitte!

Und dann konnte sie durch das Fernglas sehr deutlich sehen, wie Larissa doch tatsächlich dastand und lustlos den Kinderwagen nach vorne und hinten schuckelte und dabei mit ihrem Handy telefonierte. Lena fluchte: Gibt's das? 15 Euro die Stunde dafür, dass die ihren Privatkram am Telefon erledigt. Sie zoomte noch näher ran, konnte Theos Gesicht aber nicht sehen, war sich aber sicher, dass er nicht glücklich war mit der Situation. So ein Auf-der-Stelle-hin-und-her-Geschiebe hätte er ihr jedenfalls nicht durchgehen lassen.

Und in diesem Moment war sie sich dann auch sicher, sein Weinen zu hören. Zwar von weit weg, aber das musste er sein. Sie richtete das Fernglas wieder auf Lena, die immer noch keine Anstalten machte, die Rückkehr anzutreten. Und dann gab es für Lena nur noch eins zu tun: Wutschnaubend stapfte sie aus der Wohnung und raus auf die Straße, um Larissa abzufangen und ihr Kind in Sicherheit zu bringen. „Das war das erste und letzte Mal", zischte sie Larissa an, entriss ihr den Kinderwagen mit einem friedlich schlafenden Kind darin und schob davon.

Wie hatte sie sich nur so täuschen können?

In den nächsten Tagen kamen vier andere Babysitter-Anwärterinnen zum Testlaufen – in den „Recall" schaffte es keine.

Astrid zum Beispiel. Die war eigentlich wirklich super, sie hatte vorher bei einer Familie mit Zwillingen ausgeholfen und war dort zeitweise sogar eingezogen, damit die Eltern überhaupt mal ein paar Stunden schlafen konnten. Nachtschichterfahren, was will man mehr? Jedenfalls machte das alles so einen guten Eindruck, dass Lena sogar so entspannt war, dass sie das Fernglas ab und zu mal zur Seite legte und so nach den 60 Minuten sogar einen halben Zeitungsartikel gelesen hatte.

Als Astrid dann mit Theo zurück war, dachte Lena, dass sie das in dieser Konstellation vielleicht unter Umständen auch zwei Stunden bei „Don Carlos" aushalten würde. Bis zu dem Moment, als Astrid sich bückte und ihr eine Schachtel Zigaretten aus der Tasche fiel. „Was ist das denn bitte?", fragte Lena. „Das sind Zigaretten", sagte Astrid, die den Subtext offenbar nicht verstanden hatte.

„Du rauchst?", fragte Lena und riss die Augen auf.

„Ja, ab und zu abends mal auf Partys, aber nicht tagsüber", sagte Astrid.

Lena verschränkte die Arme vor der Brust: „Und woher soll ich das wissen?"

„Was wissen?", fragte Astrid mit einem leicht genervten Unterton zurück.

„Woher soll ich wissen, dass du nicht rauchst, wenn du mit Theo zusammen bist?", sagte Lena, die sich nicht sicher war, ob Astrid gerade ernsthaft die Augen verdreht hatte. Was bildet diese Nikotinschleuder sich eigentlich ein?

„Jetzt mal ehrlich, Lena", sagte Astrid dann. „Wenn ich dir gesagt hätte, dass ich abends manchmal ein Glas Wein trinke, dann hättest du doch auch nicht so ein Theater gemacht."

Theater? Die hat ja wohl gar nichts begriffen. „Liebe Astrid, wenn dir eine Weinflasche aus der Tasche gefallen wäre und keine Schachtel Kippen, dann hätte ich wahrscheinlich auch Theater gemacht. Außerdem mache ich ja kein Theater, sondern sorge mich. Aber wir können das doch schnell klären: Hauch mich doch einfach mal an!"

Astrid starrte sie daraufhin einen Moment entgeistert an, bekam dann einen heftigen Lachanfall und sagte, sie wünsche Lena viel Spaß bei der weiteren Suche nach einem Babysitter.

Wie hatte sie sich nur so täuschen können?

In den nächsten zwei Wochen kamen noch Vanessa, 19, die sich disqualifizierte, weil sie zwei Minuten zu spät vom Spaziergang mit Theo wiederkam, die 28-jährige Heidi, die Theo auf den Bauch statt auf den Rücken in den Kinderwagen gelegt hatte, Katrin, 21, die Theo allen Ernstes ein Stück Banane gegeben hatte, und auch wenn er zwar nicht daran erstickt war, so hatte es doch Lenas perfekt ausgearbeiteten Plan zum Einstieg in die Welt der Beikost völlig zerstört. Niemand, der nur halbwegs bei Verstand ist, fängt mit Bananen an, das wusste ja wohl jeder. Die Fruchtsäure! Der Magen! Man fängt mit Kartoffel an. Vielleicht Pastinake dazu, aber doch nicht Banane! Iris, 23, hatte Theo mit irgendeiner Babysonnencreme aus der Drogerie eingeschmiert (aus der Drogerie!!!), weil sie angeblich in der Wickeltasche keine andere gefunden hatte, dabei hatte Lena für Theo natürlich die Gute ohne Zusatzstoffe aus der Apotheke besorgt.

Und dann war da zu guter Letzt noch Annabelle, 29, die ohne Absprache mit Theo in die U-Bahn gestiegen war, um in dem großen Park „Planten un Blomen" in der Innenstadt mit ihm spazieren zu fahren. Lena hatte ohnehin schon kein gutes Gefühl bei Annabelle gehabt, war ja klar, dass da dann irgendwas kommen würde. Und tatsächlich schrieb Annabelle 15 Minuten vor der vereinbarten Rückbringzeit eine SMS an Lena: „Wir kommen zehn Minuten später, wir haben doch noch eine längere Runde gedreht und jetzt fällt hier gerade die U-Bahn aus." Lena las es und spürte ihre Halsschlagader engmaschig arbeiten.

Erstens: zu spät, und das beim ersten Mal. Da macht man ja wohl nicht. Und zweitens: wieso U-Bahn? Hatte hier irgendjemand was von U-Bahn gesagt? Lena machte sich sofort auf den Weg zur U-Bahn-Station, wo Annabelle und Theo gleich ankommen würden. Direkt nach dem Aussteigen nahm Lena ihr wortlos den Kinderwagen aus der Hand und zog mit Theo von dannen.

Wie hatte sie sich nur so täuschen können?

Und das gilt nicht nur für die ganzen Möchtegern-Babysitterinnen, sondern auch für ihre Möchtegern-Beste-Freundin Anja, die sie doch jetzt gerade allen Ernstes mit dieser Muss-ja-jede-Mama-selber-wissen-Floskel abgespeist hat. Lena wackelt jedenfalls unruhig mit dem Fuß hin und her. Seit dieser Phrase hat sie auch nichts Vernünftiges mehr gesagt. Eigentlich gar nichts mehr. Hat wieder nur auf den Boden gestarrt, sodass Lena inzwischen selber neugierig geworden war, was es da wohl zu sehen gibt.

Dann, immerhin, ein Räuspern: „Also, wir sind ja Freundinnen, oder? Das heißt, wir sagen uns die Wahrheit, richtig?", fragt Anja dann. Und auch das geht jetzt definitiv nicht in die Richtung, an die Lena gedacht hat. Einfach nicht weiterreden, denkt sie, so wichtig ist es nun auch nicht und so gut befreundet sind wir ja vielleicht auch gar nicht.

„Also wenn du mich fragst, dann bist du da doch etwas sehr ängstlich, und ich habe den Eindruck, dass du da mal ein Stück weit an dir arbeiten musst, weil du dir mit diesem Klammern das Leben echt schwer machst. Also mal loslassen und Vertrauen aufbauen, würde ich sagen!"

Lena trinkt den letzten Schluck kalten Kaffee und bewegt nun etwas umständlich den Kinderwagen vor und zurück. „Wieso müsst ihr Lehrer eigentlich ständig ‚ein Stück weit' sagen? Was genau ändert das an dem Satz?", fragt Lena dann. Das hatte sie schon lange mal fragen wollen, und jetzt, findet sie, ist das ein guter Moment. „Also ‚du müsstest mal an dir arbeiten und du müsstest mal ein Stück weit an dir arbeiten', was ist da genau der Unterschied?"

Anja guckt nun wieder auf den Boden. Was hat die denn nur mit diesem Boden. „Also ganz ehrlich, ich hätte da etwas mehr Empathie von dir erwartet, gerade als Freundin. Übertrieben, was soll das denn? Bevor du gleich mit so einem Vorwurf um die Ecke kommst, würde ich erst mal ‚ein Stück weit' zuhören. Und mal ‚ein Stück weit aufeinander zugehen' oder wie sagst du das immer? So was jedenfalls könntest du mal machen."

Anja ist jetzt sehr eindeutig willens, das Treffen zu beenden, jedenfalls legt sie einen Schein auf den Tisch und sucht fast schon flehend mit den Augen nach einem Kellner.

Den Rückweg legt Lena stapfend zurück. Man sollte sich, wenn es um Kinder geht, einfach keinen Rat von Freunden holen, die keine Kinder haben. Das ist ja klar, dass das nichts bringt.

Ein Glück, dass sie sich zumindest auf Pauls Loyalität verlassen kann, was das Thema angeht, denkt sie. Gerade gestern hatte sie Paul auf der „Wochenkonferenz" mal auf den aktuellen Stand in der „Causa Babysitter" gebracht. Die „Wochenkonferenz" hat Paul erst bei sich im Büro und dann auch zu Hause eingeführt, damit man einen festen Rahmen dafür hat, Dinge zu besprechen.

Und Lena konnte im Grunde nichts dagegen sagen. Zumindest nicht, solange er nicht auch noch Businesslunch mit ihr machen und zu Hause den Casual Friday einführen würde.

Bei der Wochenkonferenz gestern hatte Lena jedenfalls die ernüchternde Bilanz verkündet: sieben Reinfälle. Sieben von sieben. „Wie kann man sich nur so täuschen ... Das gibt's doch nicht!", murmelte Paul. Und Lena nahm die Rückendeckung gerne an. Und so fand sie es einigermaßen überflüssig, zu erwähnen, dass es auch noch eine Nummer acht auf der Babysitter-Liste gab.

Genau, wie ein paar andere Details, die sie natürlich ganz aus Versehen weggelassen hatte. Zum Beispiel, dass Annabelle durchaus per SMS mitgeteilt hatte, dass sie zu spät kommen würde, dass der Hautausschlag nicht von der Sonnencreme kam und dass die Babysitterin gar nicht während des Babysittens, sondern nur am Vorabend eine geraucht hatte – also vielleicht, oder sogar dass es durchaus möglich war, dass die letzte Zigarette zwei Wochen her war.

Paul war jedenfalls entrüstet darüber, dass es mit der „Branche offenbar bergab ging". „Was ich immer sage", sagte er, „der Fachkräftemangel ist eben kein Phänomen, das es nur auf den Baustellen und im Einzelhandel gibt."

„Das sagt doch gar keiner", meinte Lena.

Paul (leicht genervt): „Ja, aber das hat man mal gesagt. Und jetzt ist es eben auch im Dienstleistungssektor angekommen."

Manchmal war er schon ganz schön lustig, ihr Paul. Sie war sich nur nicht sicher, ob er das wusste. „Vielleicht sollten wir einen Headhunter auf die Stelle ansetzen", schlug Lena dann vor. Und er schaute sie an, als wollte er voller Stolz sagen: „Mein Mädchen."

Selbst Paul hatte nach Babysitter-Flop Nummer sieben eingesehen, dass das alles so nichts brachte und dass sie offenbar gerade eine kleine Pechsträhne hatten. Sie würden einfach in ein paar Wochen noch einmal einen neuen Anlauf nehmen, meinte Paul. Irgendwie ruhte da doch kein Segen drauf, sagte er. Und Lena dachte insgeheim, dass dieser „Don Carlos" sowieso viel zu sehr gehypt wurde. War dieser ganze Tapas-Kram nicht eh total 90er? So: Erst Happy Hour in der Cocktailbar und dann Tapas? Wer macht das denn heute noch?

Außerdem ist dieser Ausgehzwang ja wohl mal echt ein Erste-Welt-Problem. Und was das alles kostet: Essen, Getränke, Babysitter, und schon ist man ein halbes Vermögen los. Erst vergangenes Jahr zu Weihnachten hatte Paul ihr doch dieses spanische Kochbuch geschenkt. Da könnten sie doch auch endlich mal was draus machen. Schön Paella. Schön Patatas Bravas. Schön Rioja. Und bueno!

Zwei Wochen später:

Nachdem Lena in den vergangenen zwei Wochen nahezu das halbe spanische Kochbuch durchgekocht hat, ist selbst sie froh, dass es heute mal was anderes zu essen gibt. Sie gehen auf dieses Gartenfest, zu dem sie Pauls Geschäftspartner eingeladen hatte. Ein Teppichhändler aus Blankenese, so viel hatte sich

Lena immerhin gemerkt. Es werde gegrillt, stand in der Einladung. Und im Grunde kann Lena, seitdem sie aus Eimsbüttel Richtung Elbvororte losgefahren sind, an nichts anderes mehr denken als an Bratwurst, die hoffentlich gut sein würde.

Schließlich sind halbformelle Partys wie diese eigentlich nichts für sie. An der Uni, wo sie bis zur Elternzeit an der Fakultät für Deutsch als Zweit- und Fremdsprache gearbeitet hat, gab es so was nicht. Da gab es zwar lauter andere seltsame Sachen, Partys zum Beispiel, bei denen völlig schmerzfrei „Bridge over Troubled Water" gespielt wurde und trotzdem alle weitertanzten. Aber immerhin wurden dabei keine Visitenkarten ausgetauscht.

Lena findet jedenfalls: Reine Businesstreffen haben klare Regeln und Grillfeste bei Freunden eben auch. Aber das hier würde wieder so eine vermeintlich lässige Rumstehparty werden, in der es dann aber in Wahrheit doch nur um die Geschäfte geht, nur dass dabei alle Kapuzenpullover tragen und Bratwürste essen statt „Poké Bowl" und „Ramen".

Während sie über die Elbchaussee fahren, versucht Lena, Theo bei Laune zu halten. Der soll lieber auf der Party schlafen statt jetzt im Auto. Und es sieht so aus, als ob der Plan ausnahmsweise mal aufgeht, jedenfalls biegt Paul nun rechts ab und parkt den Wagen kurz darauf vor einem bungalowartigen Gebäudekomplex. Lena öffnet die Autotür. Es riecht – zum Glück – nach Bratwurst.

Weil sie sonst keinen kennen, suchen sie zuerst die Gastgeber, das Ehepaar Schulte also. Mit ihm, also Herrn Schulte, hatte Paul irgendwas zu tun, aber Lena weiß nicht, was. Wahrscheinlich haben sie sich in einem von Pauls Führungskräfte-Coachings kennengelernt. Lena lässt ihren Blick schweifen.

Ganz offensichtlich läuft das Teppichbusiness ganz gut. Jedenfalls entdeckt Lena auf Anhieb nahezu alle Marken, die sie sonst nur aus dem Schaufenster des Design-Interieur-Ladens in Eppendorf kennt. Royal-Copenhagen-Porzellan, Louis-Poulsen-Lampen, und alles, was nicht bei drei auf den Bäumen war, wurde mit Arne-Jacobsen-Buchstaben beklebt. Die Hamburger sind da irgendwie seltsam drauf, denkt Lena. Wann hat das angefangen, dass es genauso wichtig wurde, die Namen der angesagtesten dänischen Designer zu kennen wie den Bürgermeister der Stadt? Und: Würde das auch irgendwann wieder aufhören?

Während Paul sich mit Herrn Schulte über die Merkmale echter Kelim-Teppiche unterhält, überlegt Lena, wie hoch die Quote der Segelschuhträger hier ist. Jedenfalls hoch. Viel mehr interessiert sie eigentlich das Bratwurstthema. Aber weil Paul noch immer quatscht, muss sie sich erst mal damit begnügen, den Grill aus der Ferne zu begutachten. Der Grill ist in etwa so groß wie unser Auto, denkt sie und fragt sich, ob das heißt, dass ihr Auto sehr klein oder der Grill sehr groß ist. Vermutlich heißt es beides.

Das Gespräch über Kelim-Teppiche klingt nicht so, als ob es in den nächsten Minuten enden würde. Selbst Theo ist in der Trage eingeschlafen, die sich Lena vorgeschnallt hat, und das macht er sonst höchst selten.

Sie holt ihr Handy raus und macht das, was sie immer macht, wenn ihr langweilig ist: nach dem Wetter schauen. Während sie sich durch den Tag scrollt, hört sie mit einem Ohr, dass jemand von der Seite kommt und das Teppichgespräch unterbricht. Na endlich. Lena hebt kurz den Kopf. Ein Paar in ihrem Alter, noch nie gesehen, Küsschen, Küsschen, Danke für die Einladung, herrlicher Garten. Lenas Blick geht wieder aufs Handy: Am Nachmittag soll es noch regnen. Die nächsten Tage würden auch eher gemischt werden. Müsste der Sommer nicht langsam mal in Gang kommen?

Doch dann bekommt sie mit, dass das Gespräch gerade doch leider etwas substanzieller wird. „Wir haben uns ja heute mal frei genommen, also babyfrei", sagt diese Frau mit dem großen Hut jetzt und zeichnet mit den Fingern Anführungszeichen in der Luft nach. „Wir machen jedenfalls heute mal so richtig Urlaub." (Wieder Anführungszeichen in der Luft.) Das Kind des Paares, so viel wird schnell klar, ist sieben Monate alt, und das Pärchen plant einmal im Monat einen Tag für sich als Paar und alle zwei Wochen abends essen zu gehen. Lena denkt: Haben die auch einen Teppichhandel oder wie leisten die sich das? Und viel wichtiger: Wenn man schon an einem Tag im Monat machen kann, was man will, wieso geht man dann auf ein spießiges Grillfest nach Blankenese? Was Lena sagt: „Das ist ja toll", und es klingt ein bisschen, als würde die Stimme eines Sprachcomputers sprechen. Paul ist jetzt leider auch neugierig geworden: „Oh, da beneiden wir Sie aber. Würden Sie uns verraten, wo Sie die Babysitterin herhaben?"

Sag es nicht, sag es nicht, sag es nicht, denkt Lena.

„Von umsorgt.de, ging ganz einfach. Können wir nur empfehlen." Paul schaut kurz rüber zu Lena. „Also wir haben da leider ganz schlechte Erfahrungen gemacht bisher, oder Lena?" Lena nickt und wird unruhig. Besonders, weil diese Frau jetzt Anstalten macht, in ihrem Ledershopper nach irgendwas zu suchen, und Lena tippt stark darauf, dass sie gleich ihr Handy rausfischen wird, um nach dem Kontakt ihrer Babysitterin zu suchen. Zum Glück ist ihre Handtasche offensichtlich so geräumig wie eine vollgeramschte Dachkammer, jedenfalls zieht sich der Moment etwas hin und Lena schaut in den Himmel. Sturzregen wäre jetzt prima. Oder Feueralarm. Sie könnte auch ihr Glas verschütten, was man dann dringend aufwischen müsste, denkt sie. Aber da hat die Frau das Handy schon rausgeholt und Lena fällt nur eins ein: „Herrje", sagt sie. „Ich fürchte, ich muss hier mal ganz schnell eine kleine Windelpanne beseitigen", sagt sie und fasst Theo um den Po. „Ich habe keine Wechselsachen dabei. Entschuldigt mich doch bitte einen Moment."

Lena geht am Grill vorbei durch die Gartentür zu ihrem zu kleinen Auto, das inzwischen so aufgeheizt ist, dass man es ohne Probleme auch als Grill benutzen könnte, legt Theo von der Trage in den Kinderwagen neben das Auto, was erstaunlich gut klappt, und setzt sich selbst auf den Beifahrersitz.

Dann beginnt sie bis 60 zu zählen. Als sie bei zwölf ankommt, fragt sie sich, warum Paul nur mit diesem ganzen Quatsch angefangen hat? Und warum der eben so doof geguckt hat? Soll er halt selber mal sehen, wie das ist, sein Baby einfach irgendwem in die Hand zu drücken, der handysüchtig und nikotinabhängig ist.

Früher waren sie bei fast allem einer Meinung, auch wenn sie aus unterschiedlichen Welten kamen. Er, der Unternehmens-Coach; sie, die Linguistin. Lena, immer gerade noch lässig genug, um nicht völlig verkopft zu wirken. Und Paul bewahrt seine ungewollte Unbeholfenheit davor, großspurig rüberzukommen.

Er ist schon ein echtes Phänomen, findet Lena. Auch in linguistischer Hinsicht. Denn Paul ist der einzige Mensch, den sie kennt, der so ganz ohne Subtext auskommt. Der Sprachforscher

Paul Watzlawick hätte sich mit seinem Sender-Empfänger-Modell an ihrem Paul jedenfalls die Zähne ausgebissen, weil Gesagtes und Gemeintes bei ihm immer exakt übereinstimmt. Und Lena findet grundsätzlich, dass das vieles einfacher macht, aber manches eben auch nicht. Jedenfalls wäre so eine klitzekleine Antenne für Nichtgesagtes gerade nicht das Schlechteste.

Besonders bei diesem Babysitter-Thema. Wieso müssen sie denn ausgerechnet beim Babysitten die Ersten sein? Sie haben die vergangenen zwei Jahre ihrer Beziehung im Grunde im „Don Carlos" verbracht und würden es in ein paar Jahren auch wieder tun können. Waren ein paar Monate Tapas-Pause wirklich so schlimm?

Mist, wo war sie noch? 12, 13, 14 … Bei 56 klopft Paul an die Scheibe. „Ach hier seid ihr", sagt er. „Ist irgendwas passiert?"

Lena schaut ihn an und weiß nicht, was sie sagen soll.

„Ich hab dir eine Bratwurst mitgebracht", sagt er dann, und Lena findet, dass das ein sehr schöner Satz ist.

Als sie 20 Minuten später im Auto auf dem Rückweg sind, erzählt Paul mit großer Freude die Details von der Vertragsausgestaltung, auf die sie sich gerade geeinigt hätten. Und obendrein hätte er auch noch viel über Teppiche gelernt. Lena schaut aus dem Fenster, auf die Hafenkräne, die Villen, die Elbe. Eigentlich auch eine schöne Strecke, um mal nichts zu sagen, findet sie.

Zu Hause angekommen, räumt Lena die Spülmaschine aus, Paul geht auf den Dachboden, weil er da vermutlich etwas Sinnvolles machen will. Am Abend sitzen sie nebeneinander auf dem Sofa. Er blättert in irgendeinem Magazin, sie schaut eine Quizshow. Als in der Werbepause ein Spot für umsorgt.de läuft, schaltet sie weg.

„Ich finde, wir sollten noch mal einen Anlauf nehmen", sagt Paul dann. Wenn sie wolle, könne er sich auch darum kümmern. „Wie sind denn noch mal die Zugangsdaten für umsorgt. de?" Das ist typisch Paul. Problem erkannt, Problem gebannt. Sie weiß genau, was jetzt kommt. Er hat morgen das erste vielversprechende Interview und übermorgen den Tisch im „Don Carlos" reserviert. „Wie ist denn nun das Passwort?"

„Lass mal", sagt Lena schnell. „Morgen kommt wieder eine zum Probesitzen, die warten wir noch ab." „Ach so, das hättest du ja auch mal erzählen können", sagt Paul, blättert aber dann auch schon wieder weiter in seinem Magazin und Lena verabschiedet sich ins Bett.

Sie hat jetzt schließlich noch einiges zu organisieren. Und tatsächlich steht doch auch noch diese eine Babysitterin auf der Liste, oder? Doch klar: Amira. Aber es muss einen Grund gehabt haben, dass sie ganz hinten auf der Liste gelandet ist. Lena klickt das Bild größer und sieht gleich drei Gründe: Lippen, Nase und Busen. Vor dem ersten Probesitten wäre jedenfalls eigentlich ein Gespräch über die Notwendigkeit von Schönheitsoperation notwendig, aber dazu bleibt ja nun offenbar keine Zeit. Also los. Andiamo, Amira!

Als Amira am nächsten Tag pünktlich um 15 Uhr vor der Tür steht, denkt Lena, dass das nun die Strafe ist für alles. Jedenfalls ist das ja wohl kein normaler Mensch, sondern ein Silikonzombie, findet sie jedenfalls.

Lena rattert die Handlungsanweisungen runter, die sie inzwischen im Schlaf aufsagen könnte, und konzentriert sich dabei, nicht auf die Brüste zu schauen. Oder auf die Nägel. Oder auf die Lippen. An dieser Frau ist irgendwie alles zu viel.

Als Amira und Theo vom Balkon aus nicht mehr zu sehen sind, bleibt Lena noch einen Moment auf dem Balkon sitzen und versucht, sich an diese Meditationsübung zu erinnern, die von der CD aus dem Frauenmagazin. Dann hört sie, wie die Wohnungstür aufgeht, Lena dreht sich um: Paul. Was macht der denn hier?

Paul setzt sich neben sie und stellt zwei Pappbecher mit Kaffee auf den Tisch. „Ich dachte, zusammen zu warten ist vielleicht lustiger." Ist das liebevolle Unterstützung? Oder mangelndes Vertrauen? Am Ende ist es wahrscheinlich egal. Die Zeit geht jedenfalls schneller rum als sonst und nach ziemlich genau 60 Minuten klingelt es an der Tür. „Alles gut gelaufen, hat viel Spaß gemacht", sagt Amira und klimpert mit ihren langen Wimpern, die Lena erst jetzt auffallen.

„Prima", sagt Paul, der offenbar jetzt die Fäden in die Hand genommen hat. „Also jetzt mal Butter bei die Fische", er klatscht in die Hände. „Morgen Abend, 20 Uhr? Was sagen Sie, Amira?" Lena steht daneben und hört dieses „Hamburger Sie", mit dem diese Amira garantiert noch nie angesprochen worden ist. Und dann weiß Lena auch nicht mehr, was sie noch sagen soll.

„Abgemacht", sagt Amira. „20 Uhr, zwei Stunden." Als sie sich verabschiedet, drückt ihr Paul noch seine Karte in die Hand, und als die Tür ins Schloss fällt, sagt er: „Sympathische junge Frau. Kann man nichts sagen. Hast du ihren CV gelesen?" Lena schüttelt den Kopf und schaut Paul streng an. „Nee, Paul. Aber sie wird die Unterlagen sicher nachreichen."

Drei Wochen später: 20 Uhr, „Don Carlos"

„(...) Nach 50 Minuten hier im Restaurant brummte mein Handy jedenfalls. Und da schrieb mir Amira doch tatsächlich, dass Theo wieder wach geworden war und sie jetzt auch nicht weiterwisse und irgendwie überfordert sei", sagt Lena und glaubt, zumindest einen Funken Mitleid in Anjas Augen zu sehen. Anja selbst hat das Treffen vorgeschlagen. Versöhnungswein und so. Und Lena zögerte nicht mit der Zusage. So ein Streit würde sich nicht wiederholen, da war sie sich sicher. Außerdem: Sie konnte sich beim besten Willen nicht vorstellen, dass irgendjemand auf der Welt bei dieser Geschichte noch Zweifel äußern würde.

Also legt sie nun beherzt nach: „Noch nicht mal eine Stunde! Dass sie so schnell aufgeben würde, hätte ich jedenfalls nicht gedacht. Und Paul auch nicht."

Anja schenkt Wein nach und trinkt einen Schluck. „Ja, und was habt ihr dann gemacht?" Lena schiebt sich eine ziemlich große Kartoffel in den Mund und kaut genüsslich darauf rum. „Na, dann bin ich natürlich gleich rüber und hab sie nach Hause geschickt. Bringt ja so nichts. So ärgerlich, Anja. Paul und ich hatten uns gerade so gut unterhalten." Jetzt ist Anja ganz auf ihrer Seite, das spürt sie.

„Da prüft ja wahrscheinlich auch keiner nach, ob die Qualifikationen stimmen, oder?", fragt Anja jetzt.

„Natürlich nicht", sagt Lena, die immer noch mit ihrem XXL-Stück Kartoffel zu tun hat. Jedenfalls, führt sie dann weiter aus, hätten sie sich jetzt dazu entschlossen, doch noch einen Moment zu warten, bevor sie wieder auf die Suche nach einem Babysitter gehen. „So war das jedenfalls", sagt Lena, stellt ihr Glas geräuschvoll zurück auf den Tisch, was den Schlusspunkt für dieses Thema noch weiter unterstreichen soll. Sie will ihre Freundschaft ja nicht überstrapazieren. Dann bestellen sie noch einen halben Liter und reden über etwas anderes.

Gegen 22 Uhr verabschieden sie sich vor dem „Don Carlos". Lena geht den Weg nach Hause ganz ruhig und gemächlich. Die Strecke also, die sie neulich gerannt war, kurz nachdem sie die SMS von Amira gelesen – und sicherheitshalber direkt danach gelöscht hatte.

Die SMS also, in der gestanden hat:

„Liebe Lena! Theo hat angefangen zu weinen. Du wolltest ja, dass ich dir Bescheid sage, aber es ist alles gut, ich bekomme das hin." Lena sagte Paul, sie würde jetzt schnell nach Hause müssen und er solle in Ruhe aufessen und dann nachkommen.

Zu Hause angekommen, nahm sie Amira das schreiende Baby aus dem Arm und erzählte, sie hätte irgendwas Falsches gegessen und ihr sei etwas flau. Sie drückte ihr 30 Euro in die Hand. „Stimmt so." Und tschüs. Dann löschte sie das Licht im Wohnzimmer und tanzte den Afrikatanz und hielt Theo dabei sehr fest im Arm. Ein Schritt nach links, Kniebeuge, ein Schritt nach rechts, Kniebeuge. Das war noch besser, als bis 60 zu zählen.

Als Theo langsam eingeschlafen war, stellte sie sich ans Fenster. Es hatte gerade begonnen zu dämmern, es war aber noch hell genug, dass sie erkennen konnte, wie Paul die Straße entlanggelaufen kam, der zum Glück wie von ihr vorgeschlagen noch ganz in Ruhe aufgegessen hatte. Es würde ja schließlich reichen, wenn einer von beiden nicht aufessen könne, hatte sie gesagt.

Paul ging sehr langsam und sah irgendwie nachdenklich aus. Gleich würde er ihr bestimmt einen Vortrag halten und ankündigen, eine Beschwerdemail an umsorgt.de zu schreiben oder so. Und sich aufregen, dass die das ganze Geld, das sie den arglosen Eltern aus der Tasche ziehen, offensichtlich nicht mal in ein ordentliches Qualitätsmanagement investieren. Lena würde es irgendwie gelingen, das abzuwenden, es musste ihr gelingen.

Dann hörte sie, wie Paul den Schlüssel ins Schloss steckte, die Tür öffnete, sich seine Jacke auszog und sich im Bad die Zähne putzen ging. Erst dann kam er zu ihr und Theo ins Wohnzimmer, stellte sich neben sie ans Fenster und sie schauten eine Weile gemeinsam in den Abend. Sie sprachen nicht. Dann zog er die Gardinen zu, gab ihr einen Kuss auf die Wange und sagte: „Wie konnten wir uns nur so täuschen?" Danach gingen sie ins Bett.

Paul schlief auch an diesem Abend schnell ein. Lena aber lag wach, ihr Herz klopfte viel zu schnell. Was war mit ihrem Problem-erkannt-Problem-gebannt-Paul los? Irgendwas stimmte hier nicht.

Da fiel Lena plötzlich etwas ein. Leise schälte sie sich aus der Decke, stand auf und ging auf den Flur, wo Paul sein Handy normalerweise über Nacht auflud, so auch diese Nacht. Und dann tat sie etwas, was sie vorher noch nie getan hatte und danach auch nicht mehr tun würde: Sie entsperrte sein Handy, öffnete seine Nachrichten und sah, was sie befürchtet hatte, nämlich, dass Amira die SMS nicht nur an sie, sondern auch an Paul geschickt hatte. Die Buchstaben verschwammen vor ihren Augen.

Sie blieb eine Weile lang stehen und versuchte, sich zu erinnern, wann Paul Amira seine Nummer gegeben hatte, aber es gelang ihr nicht. Und dann überlegte sie, was das alles bedeutete.

Irgendwann schlich sie zurück ins Schlafzimmer, um sich wieder hinzulegen. Und dann musste sie noch sehr oft bis 60 zählen, bevor sie einschlief.

Über den Abend mit Amira haben Paul und Lena seitdem nicht mehr gesprochen. Auch hatte es Paul nicht mehr so eilig mit dem „Don Carlos". „Die Patatas da sind einfach furchtbar matschig gewesen zuletzt", hat er neulich gesagt. Und sie hat ihm recht gegeben.

So ganz hat sie bis heute nicht verstanden, was an dem Abend eigentlich passiert ist, denkt sie, als sie die Wohnung betritt und aus dem Wohnzimmer eine altbekannte Schrittabfolge hört. Rechts, Pause, links, Pause, rechts, Pause …

Vielleicht war die Antwort einfach, dass Paul und sie eben doch in den meisten Punkten einer Meinung waren. Und vielleicht reicht das auch als Antwort. Ein Stück weit zumindest.

Juli. Hören und Sagen

Einen kurzen Moment des Aufruhrs in ihr gab es neulich schon. Da ist Lisa durch Zufall wieder eingefallen, dass sie eigentlich Architektin ist, als sie beim Wühlen in der Handtasche eine ihrer Visitenkarten fand. *Wir planen für Sie, Architekturbüro Meyer, Behrend und Partner. Lisa Behrend, Dipl.-Architektin.*

Sie hatte die Karte ein paarmal herumgedreht, sie befühlt, sogar an ihr gerochen und sich nicht mehr daran erinnern können, wie es sich anfühlte, sie jemand anderem in die Hand zu drücken. Als sie später zu Hause war, versuchte sie es vor dem Spiegel, aber die Karte blieb ein Fremdkörper.

Dass Lisa unter anderem auch Partnerin in einer Beziehung ist, war ihr ebenfalls kürzlich wieder eingefallen, als sie in der Nacht die Haustür klacken gehört hat und nicht umhinkonnte zu denken, dass drei Uhr recht spät war für unter der Woche und dass sie sich früher bestimmt gefragt hätte, wo ihr Mann sich herumgetrieben hat und ob man vielleicht über irgendetwas sprechen müsste. Aber dann war sie doch wieder eingeschlafen, dann kam schon der nächste Tag und dann noch einer und irgendwann war alles wieder vergessen. Hätte sie sich nicht wenigstens der Form halber ein bisschen aufregen sollen?

Seit ziemlich genau achteinhalb Monaten ist Lisa einfach nur Mutter. Und Lisa findet eigentlich, dass es das Schönste ist, was ihr passieren konnte, auch wenn sich das vermutlich ziemlich kitschig anhört. Besonders, weil Tochter Charlotte so ein wunderbar pflegeleichtes Kind ist, meist vergnügt und mit der

Welt zufrieden, jedoch wie alle Babys natürlich auch ganz und gar einnehmend.

Lisa hat ihre neue Rolle einfach angenommen, sich gefügt und damit akzeptiert, dass auf ihrer imaginären neuen Visitenkarte hinter Mutter ein Punkt steht und kein Komma. Bis heute, diesem schönen Nachmittag im Juli.

Lisa sitzt im Park, die Sonne scheint, es ist nicht zu heiß, Charlotte strampelt gut gelaunt auf der Decke herum, als es in ihrer Tasche brummt. Bestimmt eine SMS von ihrer Freundin Claudia, mit der sie hier verabredet ist. Und sie weiß auch, was drinstehen wird. Claudia würde zu spät kommen, wie immer in letzter Zeit.

Volltreffer: „Wir stillen noch. Kommen später", steht da auf ihrem Display. Lisa legt das Handy zu Seite, denkt nach, holt das Handy wieder raus und liest noch mal. „Wir stillen noch." Was ist denn das bitte für ein Satz? Wer ist eigentlich wir? Und wen stillt das Baby?

Aber vor allen Dingen: Hat sie das womöglich auch schon mal so gesagt? Zur Sicherheit sagt sie den Satz einmal laut: „Wir stillen noch."

Jetzt nicht kleinlich werden, denkt sie. Sie sagt ja schließlich auch Sätze wie: „Wir sind eben einkaufen." Obwohl das streng genommen natürlich auch Quatsch ist. Korrekterweise müsste es also heißen: „Ich bin noch einkaufen und werde dabei von meiner Tochter begleitet, die sich nicht aktiv am Einkauf beteiligt, sondern bestenfalls faul im Wagen rumliegt."

Lisa atmet einmal tief ein und aus, legt sich neben Charlotte auf den Rücken und versucht, die Gedanken abzuschütteln. Nach einer halben Minute sitzt sie wieder und kramt erneut in ihrer Tasche. Dieses Mal sucht sie die Visitenkarte, die sie neulich gefunden hat. Sie fischt sie von ganz unten links vom Taschenboden hoch – und so sieht die Karte auch aus. Die Ecken eingeknickt, von Feuchtigkeit wellig geworden, paniert mit einer Schicht aus Fläschchenmilch und Hirsekringelkrümeln. Die Schrift verschwimmt vor ihren Augen und aus

Wir planen für Sie, Architekturbüro Meyer, Behrend und Partner. Lisa Behrend, Dipl.-Architektin

wird

Lisa Behrend,
Dipl.-Mamamonster
Wenn wir fertig sind mit Stillen, bin ich mit einem halben Ohr bei Ihnen!

Wann hat das eigentlich alles angefangen? Das mit diesem Komischwerden? Dass ein T-Shirt mit nur drei Spuckflecken drauf als tadellos gilt? Dass man ohne ein letztes Stück Restekel das angesabberte und ausgespuckte Essen des Nachwuchses in den eigenen Mund wandern lässt? Und wann waren zwei Menschen zu einer Person verschmolzen, die jede Handlung jeweils stellvertretend auch für den anderen ausführen?

Lisa nimmt ihr Handy wieder raus und antwortet Claudia: „Alles klar. Kein Problem. Wir krabbeln solange auf der Decke." Kurz überlegt sie, ob sie noch einen Smiley setzen soll, lässt es aber dann.

Wir, wir, wir. Ihr, ihr, ihr. Früher hatte man Witze über Pärchen gemacht, die Sätze sagen wie „Also wir mögen Helene Fischer" oder „Wir können samstags nicht". Und heute?

Neulich erst hatte sie eine Freundin doch allen Ernstes gefragt: „Sag mal Lisa, esst ihr eigentlich schon Brei?" Was soll man denn dazu sagen? Und wann war sie eigentlich das letzte Mal irgendwas Vernünftiges gefragt worden? Irgendwas ohne Brei. Irgendwas für Erwachsene. Vielleicht sogar für Erwachsene mit Abitur.

Lisa fragt sich, wie man das durchbrechen könnte. Diese immer gleichen Themen in den Mamarunden. Vielleicht so: „Habt ihr bei der U3 bei der Stuhlfarbe eigentlich auch ‚Curry' angegeben?" – „Das weiß ich leider nicht mehr, aber habt ihr eigentlich von dem Erdbeben in Indien gehört?"

Oder vielleicht so: „Nein, ich habe nicht ‚Curry', sondern ‚Ocker' angegeben. Und apropos Ocker, das soll ja die Trendfarbe des Herbstes sein, habt ihr das auch gelesen?"

In diesem Moment vibriert Lisas Smartphone erneut. „Alles klar", schreibt Claudia, „bis gleich."

Lisa stöhnt auf. Claudia hat den Seitenhieb mit dem Krabbeln gar nicht bemerkt. Lisa legt nach und tippt: „Natürlich krabbeln nicht WIR, sondern nur Charlotte." Lisa verdreht die Augen und versucht irgendwie runterzukommen.

Aber während ihre Tochter auch nach 20 Minuten noch versonnen mit der Rassel spielt, spuckt Lisas Sprachzentrum plötzlich unkontrolliert einen Satz nach dem nächsten aus: Wann geht ihr abends ins Bett? Schlaft ihr schon durch? Wie vertragt ihr das Impfen?

Und wenn sie genau darüber nachdenkt, dann hat sie auch die Art und Weise, wie ihr Mann und sie miteinander sprechen, zuletzt sehr verändert. Früher hätte sie ihm zum Beispiel gesagt: „Kannst du bitte die Spülmaschine ausräumen, weil ich jetzt gerne noch duschen gehen würde?" Heute sagt sie in Anwesenheit ihres Mannes zu Charlotte: „Du, der Papa, der räumt jetzt mal die Spülmaschine aus und die Mama macht sich im Bad fertig." Hatte man eigentlich jahrelang studiert und Sonntagszeitungen aus Frankfurt gelesen, damit man am

Ende von sich selbst in der dritten Person spricht und sich noch nicht einmal komisch dabei vorkommt?

Sie sieht auf die Uhr. Wenn Claudia denn endlich mal käme, würde sie ihr mal zeigen, wie man sich richtig unterhält. Vielleicht mal über irgendeinen neuen Kinofilm reden oder ein Buch? Wobei das ehrlicherweise schwierig werden würde. „Ziemlich beste Freunde" war schließlich selbst mit ganz viel Augenzudrücken kein neuer Kinofilm mehr, und bei dem letzten Buch, das sie irgendwann in der Schwangerschaft gelesen hat, kann sie sich weder an den Titel noch an die Autorin erinnern. Verdammte Stilldemenz.

Lisa denkt sich regelrecht in Rage und das springt so langsam auch auf Charlotte über, die sich irgendwie nicht mehr mit der Rassel allein abspeisen lassen will. Und mit den beiden Förmchen und mit dem Glöckchenreifen leider auch nicht. Stattdessen verzieht sie das Gesicht auf genau diese eine Art und Weise, die Lisa signalisiert, dass sie, wenn nicht jetzt, und zwar ganz genau jetzt irgendetwas Spannendes passiert, ziemlich ungemütlich werden würde. Lisa wühlt in der Babytasche und findet noch einen letzten Hirsekringel und stopft ihn Charlotte in den Mund. Uff. Ruhe.

Dann vibriert wieder ihr Smartphone. Claudia schreibt: „Ist schon klar, dass nicht du krabbelst, sondern Charlotte." Und: „Sorry, aber ich verstehe gerade echt nicht, was du hast."

Lisa versteht es im Grunde ja auch nicht, aber nun gibt es kein Zurück mehr. Sie beobachtet Charlotte, wie sie an ihrem Hirsekringel, diesem gepressten und geschmacklosen und garantiert glutenfreien Biodings für 3,99 Euro die Tüte, knabbert, als wäre es ein Gruß aus der Drei-Sterne-Küche.

Wie lange sitzen wir hier eigentlich schon?, denkt Lisa. Wieso kommen ständig alle Mütter zu spät und entschuldigen sich dann noch nicht einmal? Und warum ist sie immer diejenige, die warten muss? „Wann kommt ihr denn nun?", tippt Lisa. Claudias Antwort: „Nur noch kurz Kacki, dann kommen wir."

Noch. Kurz. Kacki. Hat Claudia das wirklich geschrieben? Lisa liest den Satz immer wieder und versucht dabei zu verhindern, dass aus Worten Bilder werden. Wieso war eben noch alles ganz einfach und jetzt gerade einfach alles kompliziert?

Am liebsten würde sie nun auch ihrem Mann mal die Meinung sagen. Sagen, dass es ihr nicht entgangen war, wie er neulich erst um drei Uhr morgens ins Haus geschlichen ist.

Und im Büro anrufen würde sie auch gern mal wieder. Kurz „Hallo!" sagen und die lieben Kollegen bei der Gelegenheit daran erinnern, dass ein Blumenstrauß von der Tanke zu Charlottes Geburt echt das Letzte ist und vor allen Dingen das Einzige, was bisher überhaupt von denen gekommen ist. Kein Wunder, dass man dann vergisst, dass man Architektin ist, wenn die anderen einen sofort vergessen, nur weil die Häuser, die man übergangsweise konstruiert, nicht aus Rotklinker, sondern aus Bauklötzen sind. Schon mal was von Sammelgeschenk gehört? Gutschein fürs Babygeschäft? Oder zumindest eine Karte, auf der mehr steht, als „Alles Gute"?

Lisa blickt wieder auf ihre Uhr. Jetzt sitzt sie hier seit 45 Minuten. Und mal ehrlich, wer weiß schon, was nach Kacki sonst noch kommt? Lisa stopft sich den von Charlotte ausgespuckten Hirsekringelbrocken selbst in den Mund und schreibt an Claudia: „Ich hau jetzt ab. Das dauert mir hier alles zu lange." Dann verstaut sie Charlotte in den Kinderwagen und schiebt los.

„Ey, was ist denn los mit dir heute?", antwortet Claudia.

Lisa weiß es irgendwie auch nicht so richtig. Sie weiß nur, dass heute nichts mehr gut geworden wäre. Ohne nachzudenken, steuert sie den nächsten Feinkostmarkt an und kauft eine Flasche Riesling für 13,99 Euro, dazu Garnelen, Knoblauch, Basilikum, Sahne, Zitrone, Spaghetti.

Wann hatte sie es sich eigentlich zuletzt mal richtig schön gemacht zu Hause? Also mit Kochen und Wein und Musik und so?

Als sie ihren Einkauf im Netz des Kinderwagens verstaut hat, vibriert ihr Smartphone: „Lisa????? Hallo????", steht auf dem Display.

Lisa schiebt den Kinderwagen aus dem Geschäft, setzt sich ihre Sonnenbrille auf und geht Richtung nach Hause. Kurz bevor sie ankommt, schreibt sie noch: „Sorry, Claudia, nimm es bitte nicht persönlich. Ich fürchte, wir sind gerade irgendwie in der Trotzphase."

August. Bella Fontanella

Die Mutter, die ihrer Tochter die Haare zurückhält, während diese gerade in den Papierkorb kotzt, sieht aus, als ob sie schon länger hier wäre. Jedenfalls hat sie schon diesen Blick verloren. Der Blick, den nur Neulinge haben. Ein Blick voller Hoffnung darauf, dass man vielleicht einen guten Tag erwischt haben und sicher gleich wieder zu Hause vor dem Fernseher sitzen würde. Woher sollten die auch wissen, dass es diese guten Tage nicht gibt. Nicht hier in der Notaufnahme des Universitätsklinikums Hamburg-West.

Das Mädchen würgt wieder und wenn das noch lange so weitergeht, würde ihre Mutter gleich mitspucken, das ist mal klar. Magen-Darm-Infekt, nichts Wildes, denkt Helene und schaut wieder aus dem Fenster auf den Krankenhaushof. Sie und Justus würden jedenfalls eher drankommen als das Kotzkind. Die Hackordnung in der Notaufnahme hat Helene inzwischen jedenfalls verinnerlicht. So wahnsinnig kompliziert ist sie ja schließlich auch nicht. Bis zum Alter von 18 gilt: Je jünger, desto schneller geht's. Danach ist es genau andersherum. Und unabhängig vom Alter: Tatütata schlägt alles. Also ganz grob gesagt zumindest.

Mit einer Kopfverletzung bei einem Säugling müsste es eigentlich schnell gehen. Also gute Chance für sie und Justus. Justus hatte sich bei dem Sturz an der Tischkante eine böse Schramme am Kopf und eine undefinierbare, teils pulsierende Schwellung zugezogen. Helene streicht Justus über das Mützchen und schaut dann auf die Uhr. Noch 30 Minuten, schätzt sie. Und im Schätzen ist Helene mittlerweile gut. Sie ist schließlich nicht zum ersten Mal hier. Wäre die Notaufnahme eine Bäckerei, hätte sie sicher längst schon einen Treuebonus bekommen.

Helene ist eine Art Wunder im Bereich der theoretischen Medizin. Jedenfalls gibt es wohl niemanden außer ihr, der den Pschyrembel – das Standardnachschlagewerk der Medizin – derartig verinnerlicht hat, dass er damit hätte bei „Wetten, dass …?!" auftreten können. Schleimbeutelentzündung (Bursitis): Seite 284, eitrige Angina: Seite 76. Und so weiter. Auf dem Schulhof nannte man sie „Frau Doktor". Heute ist Helene 34 und wird immer noch so genannt. Dienstags zumindest, wenn sie als „Dr. Wippe" ihre wöchentliche Gratissprechstunde auf dem Spielplatz um die Ecke abhält. Gegen ein paar Cracker, Hirsekringel oder Dinkelkekse stellt sie in ihrer Arztpraxis, dem roten kleinen Spielhäuschen hinten links, Verdachtsdiagnosen, „überweist" zum Kinderarzt an der Hoheluftchaussee oder einfach zurück in die Sandkiste. Manchmal kommen bis zu zehn Frauen mit ihren Babys und Kleinkindern. „Ist es normal, dass mein Kind sein Essen wieder ausspuckt?" – „Ist es normal, dass es viermal am Tag groß macht?" – „Ist das nur Husten oder schon Bronchitis?"

Und oft kann Helene die ganz großen Sorgen nehmen. Als Dr. Wippe ist sie die Medizinerin, die sie immer sein wollte: zugewandt, aber auch professionell distanziert und vor allen Dingen unaufgeregt. Ab 19.30 Uhr ist sie die Mutter, die sie nie sein wollte: überbesorgt und aufgekratzt. Dann, wenn das Kind schläft und sie Zeit hat zum Googeln, dauert es oft nicht mehr lange, bis sie Justus in die Trage steckt und mit ihm losmarschiert. Es sind ja nur ein paar Meter bis zum Krankenhaus. Besonders, seitdem Micha unter der Woche beruflich in Mecklenburg-Vorpommern ist und nicht neben ihr auf dem Sofa sitzt, haben sich die Krankenhausbesuche gehäuft.

Manchmal erwischt sich Helene bei dem Gedanken, dass ihr das alles womöglich ein bisschen entglitten ist. Zum Beispiel, als sie neulich die imaginäre Zehnerkarte der Notaufnahme voll gemacht hat. Neulich, das war vor drei Tagen. Da hatte Justus so komische Punkte im Gesicht. Windpocken? Hand-Fuß-Mund? Ringelröteln? In jedem Fall müsste das einmal vom Fachmann ausgeschlossen werden. Am nächsten Tag würde schließlich eine schwangere Freundin zum Frühstück kommen und für die wären Ringelröteln hoch gefährlich.

Knapp zwei Stunden hat Helene mit Justus warten müssen. Zwei Stunden, in denen sie mit der vorgeschnallten Babytrage im Wartebereich hin und her wanderte. Und als sie dann endlich drankam, waren die Punkte schon fast wieder verschwunden. Offensichtlich war Justus nur allergisch gegen die Feuchttücher gewesen, die sie ausnahmsweise dafür benutzt hatte, um das Gesicht von Pastinakenbrei zu befreien. Darauf wäre sie beim besten Willen nicht gekommen.

Aber das war immer noch nichts gegen vier Stunden Wartezeit vor etwa drei Wochen, als Justus so angeschwollene Lymphknoten hatte. Und Helene wusste, was das bedeuten könnte: so ziemlich alles. Nur war sie leider nicht auf die Idee gekommen, Justus mal in den Mund zu schauen, denn dann hätte sie gesehen, dass sich sein erster Zahn durch das Zahnfleisch schob.

Das war Helene dann doch etwas peinlich gewesen. Besonders vor diesem attraktiven und eloquenten Arzt, der sich als Dr. Conrads vorgestellt hatte. Immerhin war er so nett, ihr noch ein Kühlpad mitzugeben. Und wenn man irgendwas mitbekommt vom Arzt, dann war es ja wohl auch irgendwie richtig, dass man gekommen war, glaubte Helene.

Das alles wäre vielleicht anders gekommen, wenn sie damals mit 15 Jahren irgendwas anderes auf der Fensterbank im Gästebadezimmer ihrer Eltern entdeckt hätte als dieses Ungetüm vom Buch mit diesem Ungetüm von Namen: Pschyrembel. Medizinisches Nachschlagewerk, 1073 Seiten. Stand das schon immer da? Oder hatte ihre Mutter, die als Arzthelferin bei einem Hals-Nasen-Ohren-Arzt arbeitete, das vielleicht von der Arbeit mitgebracht? Helene hievte es von der Fensterbank vor sich auf den Boden, setzte sich aufs Klo, schlug irgendeine Seite auf und landete beim Buchstaben E.

Eineinhalb Stunden später war sie sich ganz sicher, dass sie sowohl an einer Ephemera (eine fieberhafte Erkältungskrankheit, die oft mit einem Herpes simplex gemeinsam auftritt) als auch an einer Eisenmangelanämie und einem eingewachsenen Nagel litt.

In den folgenden Wochen las sie das gesamte Werk von A wie APC-Resistenz bis Z wie Zungenabszess. Sie saugte es förmlich auf. Mit einer Mischung aus Ekel und wissenschaftlicher Neugier ging sie Satz für Satz durch, besonders die Bilder hatten es ihr angetan. Als sie mit dem Pschyrembel durch war, arbeitete sie sowohl die Grundlagen der Anatomie als auch der inneren Medizin durch, jeweils Band I, II und III versteht sich.

Und so kam es, dass sie später im Bio-Leistungskurs, dessen Kursbuch sie natürlich schon lange gelesen hatte, teilweise besser Bescheid wusste als die Lehrerin. Dass sie auf dem Schulhof als „Frau Doktor" angesprochen wurde, fand Helene also nur folgerichtig. Und so träumte sie manchmal: Sollte sie – Tochter einer Familie, in der vor ihr nie jemand Abitur gemacht hatte – am Ende Ärztin werden?

Die Antwort war: Nein. Denn „Pschyrembel auswendig gelernt" war überraschenderweise kein offizielles Zulassungskriterium für ein Medizinstudium. Und ihr Abiturschnitt, dessen zwei vorm Komma nur durch die 15 Punkte in Biologie möglich wurde, erst recht nicht.

Sie würde jedenfalls lange warten müssen, das stand fest. Nach außen hin hängte sie den Plan also an den Nagel, innerlich hoffte sie immer noch, dass sie es nach ein paar Wartesemestern doch noch schaffen würde. Es müsste ja nicht Heidelberg sein, ihr würde auch Greifswald reichen.

Um die Zeit rumzubringen, ging sie erst ein Jahr zum *Work and Travel* nach Australien, dann nach Neuseeland und dann machte sie noch ein Au-pair-Jahr in den USA. Und so ging ein nicht studiertes Semester nach dem nächsten ins Land. Was sollte sie nur machen? Ihre Eltern rieten ihr, eine Ausbildung als Krankenschwester oder Rettungssanitäterin zu machen, aber Helene fand nur eines noch schlimmer, als nicht Medizin zu studieren, und das war, etwas zu studieren, dass so ähnlich war, wie Medizin zu studieren. Oh nein. Dann lieber was ganz anderes.

Also studierte Helene Geografie, weil sie glaubte, dass dafür keine exponierte Leidenschaft oder Gabe vorhanden sein müsse, um das Studium erfolgreich zu absolvieren und ein Numerus clausus von 1,1 auch nicht. Und im Grunde gefiel ihr das Studium auch. Oder anders gesagt: Es störte sie jedenfalls nicht besonders.

Sie brachte es in der Regelstudienzeit zu Ende und fand danach einen Job in einem Quartiersmanagement-Büro im

Hamburger Westen. Auch da gab es viele Wunden zu heilen: Schlaglöcher, holprige Fußwege, Bausünden. Helene, der Arzt, dem die Straßen vertrauen. Subtitel: Wenn Träume platzen.

Im Wartebereich der Notaufnahme ist es ruhig geworden. Bald sind fast zwei Stunden um. Das Kotzmädchen sitzt mittlerweile auf der Stuhlreihe neben dem Papierkorb und inzwischen riecht es auch nach Erbrochenem. Sollte das doch ein Norovirus sein? Helene überlegt. N wie Norovirus. Ausgeschlossen. Allein bei dem Verdacht dürfte das Mädchen doch nicht mit den anderen Notfällen hier zusammen sitzen. Oder doch? Helene schaut wieder auf die Uhr. Sie hätten längst dran sein müssen. Außer Justus und dem kotzenden Mädchen sind jedenfalls keine anderen Kinder hier und das ist schon mal gut. Obwohl da gerade leider ein Rettungswagen mit Tatütata angefahren kommt. Und wie gesagt: Tatütata schlägt alles. Nicht, dass ihr jetzt wieder irgendein Herzinfarkt dazwischenkommt, denkt sie.

Helene geht am Getränke- und Snackautomaten vorbei. Snickers ist neu im Sortiment. Dafür sind diese Marshmallows weg. Die sahen allerdings auch schon so aus, als wären sie vor zehn Jahren bereits in der Erstausstattung des Automaten dabei gewesen und hätten seitdem vergeblich darauf gewartet, dass mal jemand die 19 drückt. Als Snickers hat man es wohl leichter in so einem Automaten, glaubt Helene. Obwohl sie ehrlicherweise noch nie gesehen hat, dass sich überhaupt mal jemand etwas herausgezogen hat.

Und dann tut ihr der Automat plötzlich leid. Helene hat zwar auch noch nie etwas daraus gekauft, aber sie findet, dass er trotzdem wichtig ist. In einem Raum, in dem man stundenlang nur wartet, ist schließlich jeder Gegenstand wichtig.

Wichtig wie alles, was das Potenzial hat, jemanden zumindest einen kleinen Moment lang beschäftigen zu können. Und so gesehen ist ein Getränkeautomat natürlich unterhaltsamer als zum Beispiel eine Yuccapalme – aber die gibt es hier natürlich auch nicht.

Besonders, als sie das erste Mal hier in der Notaufnahme war, hatte der Automat ihr über eine schwierige Phase hinweggeholfen. Helene war so außer sich vor Sorge gewesen, dass sie sich irgendwann dazu zwang, die Produktreihen von links nach rechts auswendig zu lernen. Cashewnüsse, Schokowaffeln, Gummibären, Mentos, Mentos (Früchte), Lakritzschnecken.

Das erste Mal in der Notaufnahme, das war vor etwa zwei Monaten. Der Badeunfall ... es schauderte sie immer noch.

Der Unfall, bei dem Justus im Schwimmbad mit dem Kopf unter Wasser gekommen war. Beim Rutschen im Babybecken war er ihr aus der Hand geglitscht und die Schräge ohne ihre stützende Hand heruntergerauscht. Und natürlich konnte er noch nicht stabil genug sitzen, um den Rücken zu halten, und so gluckerte er mit dem Kopf unter Wasser und es dauerte eine gefühlte Ewigkeit, bis Helene ihn aus dem Wasser heben konnte: ziemlich genau eine Sekunde. Aber es war definitiv die längste ihres Lebens.

Ungefähr ebenso lange schaute Justus Helene dann erschrocken an, nachdem sie ihn gerettet hatte. Einen Moment später hustete er, weinte dann laut und kräftig und wiederum einen Moment später wollte er nur eins: wieder auf die Rutsche.

Zunächst hatte Helene dem Vorfall nicht viel Bedeutung beigemessen. Doch dann war es wie immer: Als Justus eingeschlafen war, begann sie zu googeln und stieß dabei auf einen Artikel über das so genannte „zweite Ertrinken". Darin stand, dass im Zweifel ein kurzer Moment unter Wasser reichen kann, um schlimme Schäden an der Lunge auszulösen – allerdings würden diese Schäden nicht unmittelbar nach dem Vorfall, sondern erst Stunden später auftreten.

Wie bitte? Das ist ja dramatisch! Wieso hatte sie noch nie davon gehört? Zumal dieses zweite Ertrinken in Mütterforen in etwa so viel Platz einnahm wie ein ganz normaler Schnupfen. Und das, obwohl Helene niemanden kannte, der jemanden kannte, dem so was schon mal passiert war.

Etwa 20 Klicks später war sich Helene dann zu hundert Prozent sicher, dass Justus in akuter Gefahr war. Zwar war das alles jetzt vielleicht nicht ganz exakt so wie in der Literatur beschrieben, also zum Beispiel hatte Justus nicht wirklich stark gehustet, hatte keine Atemprobleme und war auch sonst nicht seltsam drauf. Aber: Musste man das nicht trotzdem ausschließen?

Gegen 21 Uhr schnappte sie sich Justus und ging rüber in die Notaufnahme des Krankenhauses. Und als sie bei der Anmeldung schildern sollte, was geschehen war, benutzte sie viele Adjektive und die Frau an der Anmeldung notierte alles haargenau und war sehr freundlich. Jedenfalls war es gut, dass sie gekommen sei, sagte sie. Tatsächlich, so sagte auch Dr. Conrads später, wäre es so ganz ohne Symptome zwar „nicht zwingend" notwendig gewesen, in die Notaufnahme zu kommen. Aber lieber einmal zu viel als einmal zu wenig. Also hatte Helene doch recht gehabt.

Und so kommt es, dass sie seither öfter hier ist. Justus hat aber auch einfach immer irgendwas. Ein sehr kränkliches Kind. Einmal hatte Justus zum Beispiel diesen komischen Husten, das nächste Mal glaubte sie, dass er in eine Wespe getreten war (könnte aber auch ein spitzer Stein gewesen sein), und einmal fand sie seinen Bauch etwas zu hart.

Tatütata, so ein Mist. Tatütata, das bedeutet immer mindestens 30 Minuten länger warten. Das kennt Helene schon. Zum Glück schläft Justus mittlerweile. Etwas lustlos daddelt Helene auf dem Handy rum, als ein eingehender Anruf angezeigt wird. Micha. Sie drückt ihn weg und schreibt eine Textnachricht. „Wir liegen schon im Bett und Justus schläft. Melde mich morgen. Kuss!"

Seitdem Micha seit einiger Zeit unter der Woche in Mecklenburg-Vorpommern arbeitet, versuchen sie jeden Abend zu telefonieren, auch wenn es nur kurz ist. Dieses Offshore-Projekt in „Meck-Pomm" war so eigentlich nicht geplant gewesen, aber dann kam der Auftrag rein und eigentlich hatte sich Micha schon immer etwas mehr Verantwortung gewünscht. Und für Helene ist das auch kein Problem. Sie hatten schon in früheren Jahren mal eine Fernbeziehung gehabt und damals schon gedacht, dass das wohl das Geheimnis vieler langer Ehen sein könnte.

Und dieses Telefonritual findet Helene auch wirklich schön, aber jetzt gerade passt es einfach nicht. Sie wird ja wahrscheinlich jede Sekunde drankommen. Außerdem würde sich Micha nur unnötig Sorgen machen um seinen kleinen „Jussi".

„Jussi", so hat Micha ihn schon genannt, als er noch in Helenes Bauch war. Dass in ihr ein kleiner Mensch heranwächst, war definitiv das Spannendste, was Helene bis dahin je erlebt hatte. Die Ultraschallbilder, die sie beim Frauenarzt bekam, waren für sie aufregender als alle Bilder im Pschyrembel zusammen.

Dennoch denkt Helene nur noch selten und äußerst ungern an die Schwangerschaft zurück. Ungern, weil damit zwangsläufig auch das Medizinthema wieder da ist, mit dem sie eigentlich abgeschlossen hat.

Denn bei jedem Arztbesuch schwang die Angst mit, dass etwas nicht stimmen könnte mit ihrem Baby. So richtig entspannt war sie immer nur ungefähr fünf Minuten nach einem großen Ultraschall. Danach begann das lange Warten auf den nächsten Termin.

Und Micha war manchmal schon etwas genervt von ihrer ewigen Sorgenmacherei. „Wie kann es sein, dass du ohne Helm Fahrrad fährst, dich auf Brettern den Berg runterstürzt und sogar Rotwein trinkst, wenn du ein Antibiotikum nehmen musst, und gleichzeitig Angst hast vor Sachen, die gar nicht da sind?", hatte Micha sie mal gefragt.

Und irgendwie stimmte es ja auch. Ändern konnte sie es trotzdem nicht. Im Grunde hat das mit dem Sorgenmachen ab dem Moment begonnen, wo sich im zweiten Fenster des Schwangerschaftstests eine Linie angedeutet hatte.

Denn zehn Minuten bevor sie den Test gemacht hat, hatte sie noch ein Brötchen mit Käse gegessen. Der gute aus dem Käseladen, aus Rohmilch und schön pikant. Aber Rohmilch ist, wie sie gleich danach im Internet nachlesen konnte, total verboten in der Schwangerschaft. Wegen der Listeriose-Gefahr, das ist eine Infektion mit Bakterien, von denen sie zwar vor der Schwangerschaft nie gehört hatte und danach auch nie wieder, aber verboten ist nun mal verboten. Sie schmiss den Käse weg und studierte die Ernährungsempfehlungen für Schwangere. Die Indexliste war lang. Wäre es nicht einfacher gewesen, einfach die Sachen zu notieren, die man noch essen darf, statt andersherum?

Im Grunde war alles verboten: Salate aus einer Salatbar (Keimgefahr!), rohe Eier (auch zum Beispiel in Saucen, Torten oder Tiramisu. Salmonellengefahr!), Rohwurst (Salami, Mett: auch Listeriose!), Gleiches gilt für rohen Fisch wie in Sushi oder als Brotbelag, genauso wie ungewaschenes Obst. Und das war nur ein Auszug. Wichtig auch: Kaffee nur in Maßen, also nicht mehr als eine Tasse am Tag und nicht mehr so viele Süßigkeiten. Dazu sollte man besser auf Nagellack verzichten, auf Haarefärben, zudem auch auf Gesichtsbehandlungen mit galvanischem Strom – was auch immer das war, sie würde es erst nach der Schwangerschaft ausprobieren.

Und so war Helene durch die Schwangerschaft gegangen wie auf rohen Eiern. Jede Einladung zum Essen war purer Stress. Man macht sich als Gast zudem nicht sehr beliebt, wenn man die Gastgeber bei jeder Erdbeere fragt, ob sie auch gewaschen wurde, wie lange die Sauce gekocht habe (wegen Restalkohol), ob der Fisch heiß oder kalt geräuchert und ob die Kühlkette bei dem Hühnchenfleisch auch ganz sicher eingehalten worden war.

Bis auf den Fauxpas mit dem Rohmilchkäse hatte sie es tatsächlich geschafft, keine weiteren Fehler zu machen. Und irgendwann war ihr das komplexe Regelwerk ohnehin so in Fleisch und Blut übergegangen, dass sie es auch im Halbschlaf hätte aufzählen können. Doch dann war da diese Medizinsendung im Fernsehen, in der es um Mythen und Wahrheiten rund um die Schwangerschaft ging. Helene hörte nur mit halbem Ohr zu. Sie war sich einigermaßen sicher, dass sie alles gelesen hatte, was man dazu lesen konnte. Hier, das war ihr eigentlich klar, würde sie nichts Neues erfahren können. Doch dann kam die Zuschauerfrage aus dem Studiopublikum nach der Blumenerde: „Ich habe gestern Blumen umgetopft und die Erde ohne Handschuhe berührt. Ist das schlimm?"

Helene war plötzlich hellwach. Wieso sollte das schlimm sein? Sie hatte gerade in der Frühschwangerschaft andauernd die Hände voller Erde gehabt, als sie den Balkon frühlingsfit gemacht hatte. Den Arzt in der Sendung schien die Frage nicht zu verwundern. „Verständlich, dass du dir Sorgen machst", sagte er. Das Risiko, sich über die Erde mit einer Toxoplasmose anzustecken, sei zwar sehr gering, aber nicht ausgeschlossen. Helenes Hirn arbeitete auf Hochtouren. Toxoplasmose, das hatte sie schon mal gehört. War das nicht das mit den Katzen? Ja, genau. Genau das. Das ist diese Infektionskrankheit, die über Katzen übertragen werden kann. Da Helene aber keine Katze hat und auch sonst nirgends in ihrem Umfeld Katzen sind, hatte sie das Thema abgehakt. Offensichtlich ein grober Fehler! Der Arzt erklärte dann jedenfalls, dass natürlich die Toxoplasmose-Erreger über die Ausscheidungen der Katzen in der Erde landen und man sich dann damit anstecken könne – also ausgeschlossen sei es jedenfalls nicht. Deshalb solle man unbedingt Handschuhe tragen, wenn man mit Erde arbeite, und – wenn das Kind schon in den Brunnen gefallen sei – sich danach lange und gründlich die Hände waschen.

Kind in den Brunnen gefallen? Erstens fand sie die Redewendung für ein Sendeformat dieser Art nicht besonders gelungen, zweitens hieß das, dass im Grunde alle Mühe umsonst war. Sie hatte einen Fehler gemacht und einer könnte ja schon reichen.

Für den Rest der Schwangerschaft betrat sie den Balkon nicht mehr. Diese zig Kübel und Blumenkästen erinnerten sie nur immer wieder daran, wie sie Beutel um Beutel Blumenerde aufgerissen und mit den bloßen Händen in der Erde herumgewühlt hatte. Gerade in den ersten Wochen und Monaten der Schwangerschaft. Ausgerechnet dann, wenn sich doch alles entwickelt!

Helene stand Todesängste aus, im wahrsten Sinne des Wortes. Sie rechnete mit dem Schlimmsten. Doch das alles behielt sie lieber für sich. Sie wusste, wie das für andere klingen würde. Wie Wahnvorstellungen, wie Erste-Welt-Probleme, wie Hamburg-Eppendorf. Erste Degenerationserscheinungen von dem ganzen Latte-macchiato-Geschlürfe. Panikattacken wegen Blumenerde. Jetzt drehen die Muddis völlig durch. Aber dann wurde – entgegen aller Erwartungen – ja zum Glück doch alles gut. Justus kam kerngesund zur Welt und alle Sorgen waren weg. Erst mal zumindest.

Helene geht noch mal zu dem Automaten, der auf der anderen Seite auch Heißgetränke im Sortiment hat. Sie zählt das Geld ab, drückt auf „Cappuccino" und hofft, dass sie etwas bekommen würde, das ganz grob in die Richtung koffeinhaltiges Heißgetränk geht. Während sie wartet, dass sich der Plastikbecher mit einer heißen, braunen Flüssigkeit füllen würde, zückt sie noch mal ihr Handy. Drei Anrufe in Abwesenheit. Und jedes Mal Micha. Und eine Nachricht auf der Mailbox hat er auch hinterlassen: „Ich bin heute schon aus Mecklenburg-Vorpommern wiedergekommen und wollte euch überraschen. Aber ihr seid ja gar nicht da! Was ist denn los? Ich dachte, du hättest Justus schon hingelegt. Geh mal ran!"

Helenes Hand sinkt mit dem Handy nach unten. Das war jetzt irgendwie alles ungünstig. Und überhaupt: Überraschungen hat sie schon immer gehasst. Helene überlegt kurz und schreibt dann eine Nachricht: „Ich wollte dich nicht beunruhigen eben.

Wir sind in der Notaufnahme. Justus ist doof gefallen. Aber wir sind gleich zurück."

„Notaufnahme?", schreibt Micha. „Und wieso gleich zurück? Was ist denn passiert? Das klingt ja gar nicht gut. Und wieso nicht beunruhigen? Was ist denn da los?" Das mit Micha nervt Helene jetzt. Er würde es sowieso nicht verstehen. Klar, Micha wäre nicht in die Notaufnahmen gegangen, so viel steht fest. Aber Micha hat als Ingenieur von so was auch echt mal keine Ahnung und deshalb will sie auch, dass es da eine klare Trennung gibt. Er Meck-Pomm, sie Notaufnahme.

Als sie gerade ansetzen will zu antworten, hört sie ihren Namen. „Frau Bauer, bitte ins Zimmer zwei." Sie nimmt kurz einen Schluck Cappuccino, der schmeckt, als würde es im Automat irgendwo eine undichte Stelle zwischen dem Fach mit dem Pulver für den Zitronentee und dem Kaffeefach geben, und folgt der Frau vom Empfangstresen.

Wenn die Untersuchungszimmer Hotelzimmer wären, dann wäre dieses Zimmer hier die unterste Kategorie, denkt Helene. Es ist klein und sieht eher aus wie eine Ausnüchterungszelle. Keine Geräte, keine Monitore, kein gar nichts. Muss ja doch brechend voll sein hier, mutmaßt sie. Sie schaut wieder aufs Handy. Noch mal Micha. „Soll ich kommen?" Helene antwortet jetzt sehr schnell: „Nein." Und dann noch: „Wirklich ganz lieb. Aber wir sind jetzt dran."

Sie sind einfach grundverschieden. Zumindest was das Thema angeht. Und einmal hatten sie sich sogar richtig gestritten. Das war, nachdem Justus kopfüber ins Steinbeet gefallen war und sich eine kleine Schnittwunde an der Augenbraue zugezogen hatte.

Als sie später am Abend auf dem Sofa lagen, googelte Helene noch nach „Schnittwunde" und „Kleinkind". Zunächst war sie erleichtert, weil das wohl eine der häufigsten Verletzungen ist und wenn es oberflächlich ist, wie bei Justus, eben offenbar auch nicht schlimm. Und solange nicht der Knochen verletzt ist, es stark blutet, mehrere Zentimeter aufklafft oder das Kind sehr schläfrig wirkt danach, müsse man sich auch keine Sorgen machen. Helene schaltete das Handy wieder aus und versuchte, weiter dem Spielfilm zu folgen und suchte nach Michas Hand. Aber die fühlte sich an wie ein toter Fisch und dann zog sie sie wieder weg. Innerlich ging sie die Punkte noch mal durch. War Justus nicht eben nach dem Sturz doch ganz schön schläfrig? Er hatte doch eigentlich gerade erst geschlafen und war nach dem Sturz dann gleich wieder eingeschlafen. Und beim Abendessen hatte er seinen Brei kaum angerührt. Also auch noch Appetitlosigkeit! Aber Helene sagte nichts mehr. Das würde die Stimmung nun endgültig verderben. Zwei Tage später ging Helene dann doch noch zum Arzt mit Justus und zeigte die Wunde und der Arzt sagte: „Die hätte man besser nähen sollen. So bleibt wohl eine Narbe." Also doch! Klar, dass sie das Micha nicht vorenthielt. Das wiederum machte alles nicht besser. Erst wurde er laut, dann sie und dann sagte für den Rest des Tages erst mal keiner mehr was.

Helene wippt unruhig mit dem Fuß, als sich endlich die Tür öffnet und der Arzt reinkommt. Zu Helenes Freude ist es mal wieder Dr. Conrads. Ihr Dr. Conrads. Er setzt sich auf den Stuhl gegenüber von ihr und zieht die Augenbrauen hoch, wie nur er es kann. Ärzte haben schon immer eine Wirkung auf

Helene gehabt – diese Aura der Allwissenheit, der weiße Kittel, die Eins vor dem Komma! Ihr Herz pocht, auch wenn sie weiß, dass das albern ist.

„Haben Sie Ihre Stempelkarte dabei?", fragt Dr. Conrads dann. Was auch immer diese Frage soll, Helene findet sie nicht lustig. Justus aber offenbar schon, der Herrn Conrads jedenfalls anstrahlt, als wäre es das Lustigste, was er seit langem gehört hat. „Wie kann ich Ihnen denn heute helfen?", fragt er dann. „Also eigentlich nicht mir, sondern vielmehr meinem Sohn", sagt Helene. „Das dachte ich mir. Heute sieht er wirklich ganz besonders krank aus", sagt Dr. Conrads. „Dann erzählen Sie mal."

Na, endlich. Helene berichtet nun jedenfalls von dem Sturz und dass sie auf der Kopfhaut zwischen den Haaren eine Stelle gesehen habe, die echt böse aussehe, die so richtig komisch pulsiert habe und das wolle sie nun gerne abgeklärt haben. Mit Kopfverletzungen spaße man ja schließlich nicht.

Conrads ist in der Zwischenzeit mit seinem Stuhl rübergerollt und tastet nun vorsichtig das Köpfchen von Justus ab. Justus macht große Augen, schreit aber nicht. Alltag halt. Als Dr. Conrads im vorderen mittigen Bereich ankommt, nickt Helene, und er atmet schwer aus und sagt: „Herzlichen Glückwunsch, Frau Bauer." Helene versteht nicht, was hier gerade passiert. „Sie haben heute die Fontanelle ihres Kindes entdeckt."

Ihr Herz pocht irgendwo sehr weit unten Richtung Magen und es fühlt sich an, als würde es gleich rausfallen und zuerst den Raum verlassen, wenn sie es nicht sofort tun würde. Wie hatte ihr das passieren können? Ausgerechnet ihr? Besonders, weil sie Dr. Conrads in einem schwachen Moment neulich davon erzählt hat, dass sie eigentlich Ärztin hatte werden wollen wegen ihrer Begeisterung für medizinische Themen. Das hätte sie nicht tun dürfen. Dr. Conrads schaut sie immer noch an und Helene schaut auch ihn an. Und dann denkt Helene an Micha, der zu Hause sitzt und wartet, und dann sieht sie Justus an, der immer noch Faxen macht. Und dann wartet Helene noch einen Moment, ob ihr Herr Conrads nicht vielleicht doch noch irgendetwas mitgeben würde. Ein Kühlungsgel oder so etwas. Aber dieses Mal lässt er sie mit leeren Händen gehen.

Auf dem Rückweg nach Hause setzt Helene langsam einen Schritt vor den nächsten. Zum einen, um Justus zum Schlafen zu bringen, zum anderen, um sich zu überlegen, wie sie das nur gleich Micha erklären soll. Dass er schon schlafen würde, hält sie für eher unwahrscheinlich. Welcher Vater legt sich schon hin, wenn sein Kind gerade in der Notaufnahme ist?

Als sie die Wohnungstür aufschließt, steht Micha in Hut und Mantel da. Na, zumindest im Mantel. „Da seid ihr ja", sagt er sichtlich erleichtert und schließt sie in die Arme. „Ich wollte gerade nachkommen in die Notaufnahme." Was es denn gewesen sei? „Wahrscheinlich eine leichte Kontusion", sagt Helene und setzt den Dr.-Wippe-Blick auf. „Aber wir haben wohl gerade noch mal Glück gehabt." Außer dieser leichten Kontusion sei nichts passiert. Während sie so erzählt, hofft sie, dass ihre Taktik aufgeht, die im Grunde nur darin besteht, sehr oft Kontusion zu sagen und zu hoffen, dass Micha zu müde ist, um zu fragen, was das genau sei.

„Und was ist eine Kontusion?", fragt Micha. Verdammt. „Das ist eine Prellung", sagt sie, verzichtet aber auf den Zusatz „leicht". „Oh", sagt Micha. „Zeig doch mal." Aber Helene hält wieder die Hand auf Justus' Köpfchen. „Er ist gerade erst eingeschlafen. Ich versuche jetzt lieber, ihn irgendwie aus der Trage ins Bett zu bekommen. Ich zeig es dir morgen."

Am nächsten Tag ist von der Kontusion nichts mehr zu sehen. „Kinder haben ja enorme Selbstheilungskräfte", stellt Micha wissend fest und Helene widerspricht ihm nicht.

In den folgenden Tagen erteilt sich Helene Google-Verbot, was zumindest so lange gut klappt, wie Micha bei ihnen ist. Er mag es nicht, wenn sie abends auf dem Sofa sitzen und sie auf dem Handy daddelt, außerdem ist Justus so gut gelaunt, dass es auch wirklich keinen (vertretbaren) Grund gäbe.

Den Sonntagabend verbringen sie wie immer mit dem *Tatort* auf dem Sofa. Am nächsten Tag würde Micha wieder nach Mecklenburg-Vorpommern fahren. Seltsam, wie es nach so ein paar Tagen wieder ganz normal ist, zusammen zu sein. Dann wird das „Wir" wieder normal und die Vorstellung, die kommenden Tage erneut allein mit Justus zu sein, stimmt sie traurig. Aber aus der Erfahrung der vergangenen Wochen weiß sie, dass sich diese Beklemmung erst lösen und dann umkehren würde. Wenn er erst mal weg wäre, dann würde nach kurzer Zeit eben dieser Zustand der neue Normalzustand sein. Helene hat dann ihren Rhythmus mit Justus, ihre Abläufe. Das sind ganz banale Sachen: Wenn sie sich die Zähne putzt etwa, gibt sie ihm auch eine Zahnbürste, damit er in der Zeit etwas zu tun hat. Wenn sie kocht, räumt er die Schublade mit den Tupperdosen aus. Und wenn sie ihn badet, gibt sie ihm Michas Zahnputzbecher, damit er damit spielen kann. Sie sind ein eingespieltes Team geworden, sie und ihr Jussi. So eingespielt, dass sie manchmal nicht weiß, wo da noch Platz für Micha sein sollte.

Als der *Tatort* vorbei ist, zappt Micha noch etwas lustlos durchs Programm und bleibt bei einer Reportage über Notaufnahmen hängen. Tenor: Weil die Leute zu viel googeln, sind die Notaufnahmen voll mit Menschen, die garantiert nicht dort hingehören, sondern bestenfalls zu einem Hausarzt und in Wahrheit vielleicht besser zu einem guten Psychologen. Das Reporterteam hat wirklich absurde Beispiele gefunden, das muss man ihnen lassen. Eine Frau etwa glaubte, sie habe eine Blutvergiftung, weil sie einen Strich am Bein hatte – sie hatte allerdings nur vergessen, dass sie sich mit dem Bein am Schuhregal geratscht hatte. Eine andere war wegen „akuter Glutenunverträglichkeit" da – eine Diagnose, die sie sich ganz offensichtlich selber gestellt hatte, und nach eigenen Angaben war sie nur in die Notaufnahme gekommen, um sich die Diagnose vom Arzt bestätigen zu lassen. Auf die Frage, was genau eine akute Glutenunverträglichkeit im Vergleich zu einer normalen Glutenunverträglichkeit sei, sagte sie, dass sie das akut auch nicht wisse, aber dass sie ja auch deswegen da sei.

Micha amüsiert sich köstlich, während Helene unruhig auf dem Sofa hin und her rutscht. Besonders als der Schauplatz, der bisher irgendwo in Nordrhein-Westfalen war, nach Hamburg wechselt.

Muss das sein …? Zu allem Übel kommt dann auch noch jemand zu Wort, den sie sehr gut kennt: Dr. Conrads. Und leider hört der überhaupt nicht auf zu reden. Nur sechs von zehn Patienten, die in die Notaufnahme kämen, wären auch echte Notfälle, sagt er. Das würde viel Zeit kosten und Stress für das Personal bedeuten. Zudem würden immer mehr Menschen wegen echter Bagatellen kommen, wie … Helene ist inzwischen, ohne dass sie es gemerkt hat, unter der Wolldecke verschwunden, die sie sich bis kurz unter die Augen gezogen hat, und fühlt sich wie früher in der Französischstunde bei dem strengen Lehrer, bei dem sie immer gehofft hat, dass sie nicht drankommen würde.

Micha fragt, ob es bei Helenes Besuch auch so viele Leute gewesen wären auf der Notaufnahme. So langsam wird Helene das Ganze lästig. „Nee", sagt sie. „Da war eine mit Norovirus und einer mit einem Knochenbruch. Das war's." Außerdem habe sie den Eindruck, dass der gute Herr Conrads sich vielleicht auch ein bisschen wichtigmachen wolle.

Inzwischen spielt die Reportage zum Glück wieder in Nordrhein-Westfalen, und Helene sagt, sie sei nun auch müde, und verabschiedet sich schon mal ins Bett. Micha will noch weiterschauen. Das sei ja „zu lustig". Jetzt gerade kann sich Helene irgendwie doch ganz gut vorstellen, dass Micha morgen erst mal wieder für ein paar Tage weg sein würde.

Als Helene am nächsten Tag aufwacht, fühlt sie sich einfach nur müde. Sie hat kaum ein Auge zugetan. Ihr Kopf tut weh vom Nachdenken. Irgendwann ist ihr das alles entglitten, denkt sie. Aber wann und wieso? Und wie wird sie das nur wieder loswerden? Wie im Robotermodus kommt sie durch den Morgen, macht Frühstück, zieht Justus an, verabschiedet Micha nach Mecklenburg-Vorpommern. Und als seine Schritte verhallt sind, fasst sie einen Entschluss: Sie packt einen Bogen Papier, einen Stift, eine Klarsichthülle und etwas Tesafilm ein und dann geht sie mit Justus im Kinderwagen rüber auf den Spielplatz. Viel los ist an diesem Morgen noch nicht. Zum Glück, denkt Helene, denn sie will mit niemandem darüber sprechen. Und dann schreibt sie „Praxis Dr. Wippe vorübergehend geschlossen" auf den Zettel, steckt ihn in die Klarsichthülle und klebt ihn an die Wand vom Spielhäuschen. Dann dreht sie sich noch einmal um und verlässt den Spielplatz.

Auch am nächsten Tag kommt sie nicht wieder und an den Tagen danach auch nicht. Sie hat sich ja schließlich Urlaub erteilt und Urlaub macht man ja natürlich nicht neben seinem Arbeitsplatz. Stattdessen sucht sie sich einen neuen Spielplatz im Nachbarstadtteil Sternschanze. Justus ist es ohnehin egal, ob er hier oder da im Sand buddelt. Außerdem genießt er sichtlich, dass er sich ihre Aufmerksamkeit nicht wie sonst mit den anderen kleinen Patienten teilen muss.

Nur einmal wird Helene dort von einer fremden Mutter angesprochen: „Sind Sie nicht Dr. Wippe?" Aber Helene schüttelt den Kopf und schaut demonstrativ in die andere Richtung. Erst mal wird sie nur noch einen Patienten haben, denkt sie, und das ist sie selbst. Diagnose? Unklar. Also würde sie zunächst die Symptome behandeln. Nach kurzem Überlegen entscheidet sie, dass eine Kombitherapie aus Google-Verbot und Pschyrembel-Entsorgung wohl das Richtige wäre. Und da beides nach einer Weile für spürbare Entspannung sorgt, ist die exakte Diagnose irgendwann auch nicht mehr wichtig. Dennoch beschließt sie, die Therapie fortzusetzen, und vereinbart weiterhin engmaschige Kontrollen. Nur zur Sicherheit.

Es kommt der Tag, als Michas Projekt in Mecklenburg-Vorpommern offiziell beendet ist. Und so will Helene ihm an diesem Abend einen schönen Empfang zu Hause bereiten. Sie richtet die Wohnung her, kauft ein paar Blumen, schreibt „Welcome back" auf einen Zettel und klebt ihn an den Briefkasten, den Micha immer als Erstes öffnet, wenn er freitags nach Hause kommt. Helene turnt gerade mit Justus auf dem Sofa herum, als Micha mit zwei großen Koffern beladen zur Tür hereinkommt. „Endlich wieder zu Hause", sagt er, küsst sie und Justus und dann kramt er in seiner Tasche. „Das war für dich im Postkasten", sagt er und drückt ihr einen Brief in die Hand. Helenes Herz pocht. Das Logo erkennt sie sofort:

Universität Greifswald. Immatrikulationsamt. Helene versucht nachzurechnen. Wie viele Wartesemester wären das jetzt?

Aus dem Nebenzimmer hört sie, wie Micha seine Koffer auspackt und es anders klingt als sonst. Es klingt schön. „Was steht denn drin?", ruft Micha rüber. „Nur so ein Infoschreiben", sagt Helene. „Ich bin da noch in so einem Verteiler." Und dann nimmt sie den Brief und wirft ihn in den Mülleimer.

Am Abend essen sie zusammen und sitzen noch lange beieinander. Als sie den Tisch abgeräumt hat, bittet sie Micha, den Müll runterzubringen. Und dann sieht sie ihm zu, wie er den Beutel nimmt, ihn mit einem Knoten verschließt, aus der Tür geht und ihren geheimen Wunsch entsorgt, der vielleicht in Wahrheit schon lange keiner mehr ist. Und an diesem Abend entlässt sie sich selbst. Restitutio ad integrum, vollständige Heilung, Pschyrembel, Seite 1440.

September. Die Stufen

Franc steckt den Schlüssel ins Schloss und öffnet die Tür zur Ferienwohnung. Sie quietscht ein bisschen. Franc ist der Besitzer einer Urlaubsanlage bei Toulon in Südfrankreich, in der Wiebke mit ihrem Mann Thomas und Sohn Piet zwei Wochen Urlaub verbringen wird. Wiebke hatte sich Südfrankreich gewünscht, weil da alles so schön dicht beieinanderliegt. Denn lange Autofahrten sind mit Piet, der inzwischen knapp elf Monate alt ist, kein Spaß. Wenn er nicht gerade schläft, dann brüllt er. Und im Auto schläft er leider nicht viel, also eigentlich gar nicht.

Für die Ferienwohnung mit Pool haben sich Wiebke und Thomas entschieden, weil sie so autark wie möglich ihre Zeit gestalten möchten. Das heißt: lieber nicht ins Restaurant gehen müssen, zumindest nicht abends (da hält es Piet wie mit dem Autofahren). Außerdem maximale Distanz zu anderen Touristen, also auf keinen Fall Zimmer an Zimmer. Das schlechte Gewissen, mit Piets Gebrüll die anderen Urlaubsgäste am Schlafen zu hindern, braucht im Urlaub wirklich niemand. Wiebke findet deshalb: alles richtig gemacht. Nun hofft sie bloß noch auf ein kleines bisschen Erholung. Vielleicht kann sie auch endlich mal wieder ein Buch lesen, während das Kind am Strand oder auf der Terrasse fröhlich durch die Gegend krabbelt.

Thomas hatte sich Südfrankreich gewünscht, weil er Lust hat auf guten Wein und guten Käse. Das sagt er zumindest immer.

Aber in Wahrheit wollte er hierhin, weil er schon so oft da war, dass er nichts mehr besichtigen muss. Aix-en-Provence, Marseille, Nizza, Arles, Avignon: alles schon gesehen. Im Grunde will er in seinem Urlaub überhaupt nichts mehr sehen, sondern einfach nur mal irgendwo anders sein. Höchstens in die Camargue würde er mit Wiebke und Piet gern mal fahren, da ist er noch nie gewesen. Klar, ganz kurz ist die Strecke mit dem Auto nicht. Aber dann muss Piet halt mal brüllen. Bei der Überlegung, ein Appartement mit Pool zu nehmen, hatte sich Wiebke durchgesetzt. Thomas hätte ein Hotel auch ziemlich in Ordnung gefunden, es hätte ja nicht gleich ein anonymer Klotz sein müssen, irgendwas nettes Kleines. Und vielleicht doch mal die Option auf einen Tag ohne Supermarkt und die Frage, was man essen soll, und dann die Frage, ob der Topf im Appartement für ein ordentliches Ratatouille ausreichend groß sein würde, und wenn ja, was noch mal in so ein Ratatouille gehört, und am Ende wäre die Küche dann dreckig und man stellt fest, dass Ratatouille zwar toll klingt, aber im Grunde ein wirklich langweiliges Gericht ist.

Ein paar andere Kinder im Hotel hätte Thomas auch gut gefunden. Dann hätte er nämlich einfach auf die alte Spielplatzregel setzen können: Alles gehört allen – zumindest solange keiner brüllt. Und vielleicht hätten sie dann auch mit ein paar anderen Eltern zusammen um ein Babybecken gesessen, was, zugegeben, auch irgendwie demütigend wäre, weil man dann auch noch von anderen Eltern vorgeführt bekäme, dass ein Urlaub mit einem Kleinkind eben kein Urlaub ist, sondern Alltag unter erschwerten Bedingungen. Aber immerhin hätte es ein Babybecken gegeben und vielleicht auch eine Bedienung, die einem schon mittags einen Pastis serviert hätte, und da hätte er bestimmt nicht nein gesagt. Aber egal, jetzt sind sie hier und Thomas findet es im Grunde genommen auch ganz gut. Hauptsache, Urlaub.

Wiebke, die Piet in einem Tragetuch vor sich herträgt, folgt Franc und Thomas in das Appartement. Nach zwei Schritten stehen sie in einer offenen Wohnküche im französischen Landhausstil. Eine Kochinsel in der Mitte, ein antiker Gasherd, blühender Lavendel auf der Fensterbank. „Très jolie", sagt Thomas, und Wiebke weiß, dass sein französisches Sprachrepertoire damit ausgeschöpft ist. Von der Küche geht das Schlafzimmer ab und vom Schlafzimmer das Wohnzimmer. Auf Türen wurde offenbar großzügig verzichtet. Das war wohl mit „luftig" und „offen" gemeint, denkt Wiebke. „Toll, so ein großes Bett", sagt Thomas nun einfach auf Deutsch und folgt Franc durch die Räume, die ja genau genommen nur einer sind.

Als die Männer ins Badezimmer gehen, steht Wiebke immer noch in der Wohnküche und hört, wie Franc und Thomas sich über die Funktionsweise der Klimaanlage und der Dusche unterhalten und sich dabei offenbar auf ein mehr oder weniger rudimentäres Englisch geeinigt haben. Dann ist die Führung vorbei. Franc legt den Schlüssel auf den Küchentisch, Küsschen, Küsschen, au revoir. „Hach", sagt Thomas und drückt Wiebke einen Kuss auf die Wange, „hach, ist das schön. Das haben wir doch prima getroffen."

Wiebke sagt, ja, das hätten sie wirklich. Doch die Wahrheit ist, dass sie nicht weiß, wie sie sagen soll, dass sie in Wahrheit mehr gesehen hat, als ihr lieb ist, mehr als eine luftige Wohnung und einen schönen alten Ofen und eine schattige Terrasse und ein großes Bett. Viel mehr. Thomas will sofort einen Pastis aufmachen, anstoßen auf den Urlaub und auf die schöne

Unterkunft. Piet schläft und atmet leise an ihrer Brust. Thomas schenkt beiden ein und lässt sich auf eine der Liegen auf der Terrasse fallen. „Urlaub", sagt er und seufzt. Vom Pool weht leichter Chlorgeruch herüber. Thomas schaut durchs Glas in die Sonne und wirkt ganz selig. Wiebke steht und wippt auf ihren Füßen, eine Angewohnheit, bei der sie inzwischen die ernsthafte Sorge hat, sie nie wieder loszuwerden. Immerzu wippt sie oder macht Schuckelbewegungen. Neulich zum Beispiel hat sie einen leeren Einkaufswagen geschuckelt, während sie im Supermarkt etwas im Regal suchte. Wiebke nimmt auch einen Schluck Pastis und dann direkt noch einen und wartet sehnsuchtsvoll auf irgendeine Form der Wirkung. In letzter Zeit hat sie kaum Alkohol getrunken, und jetzt fragt sie sich, warum eigentlich. Ein leichtes Brennen im Hals gefolgt von einem ersten Kribbeln im Kopf. Na also. „Ja, es ist herrlich hier, Thomas", sagt sie dann, „das haben wir gut gemacht."

Sie schielt auf die zweite Liege. Sie würde sich jetzt auch gerne hinlegen, aber dann würde Piet aufwachen, also bleibt sie stehen und trinkt wippend noch einen Schluck. „Hast du eigentlich die Stufen gesehen, Thomas?", hört sie sich selbst fragen und wundert sich, weil sie eigentlich noch nicht fertig war, darüber nachzudenken, ob sie das Problem jetzt schon besprechen möchte. „Welche Stufen?", fragt Thomas mit geschlossenen Augen. „Na, mitten im Raum sind doch zwei Stufen aus Stein, die muss man nehmen, um von der Küche zum Bett und ins Bad zu kommen, also eigentlich egal, wohin, sie sind halt mitten im Raum." Thomas sagt, er habe die Stufen nicht gesehen, und schließt die Augen. Wiebke wartet kurz und setzt schnell hinterher: „Also für Piet ist das ja nicht so ideal." Aber da ist Thomas schon weggedöst.

Natürlich hatte Thomas die Stufen im Wohnzimmer gesehen. Aber vor allen Dingen hatte er Wiebkes Blick gesehen und sofort gewusst, was sie in diesem Moment dachte. Er weiß auch, dass er dieses Gespräch mit ihr jetzt nicht aushalten würde und dass er das Problem irgendwie ignorieren muss. Einfach, weil man mit solch einem Stufengespräch keinen Urlaub startet. Nein, man startet mit Anstoßen und eigentlich wirft man sich direkt nach dem ersten Pastis aufs Bett und hat Sex und dann stößt man noch mal an und dann geht man essen. So haben sie es früher immer gemacht und das ist nicht das Schlechteste gewesen. Aber Piet ist natürlich auch nicht das Schlechteste, also muss Urlaub jetzt irgendwie anders funktionieren, aber bitte nicht mit einem Erste-Hilfe-Koffer unter dem Arm. Soweit kommt's noch! Außerdem schläft das Baby jetzt und Thomas ist froh, dass die Führung endlich vorbei ist. Er hat Franc gar nicht richtig zugehört, weil Wiebkes Gedanken schon zu seinen geworden sind und er ständig an diese Stufen gedacht hat, und das ärgert ihn jetzt so sehr, dass ihm auch nichts anderes einfällt, als Alkohol zu trinken. Und sich schlafend zu stellen. Obwohl – ein bisschen albern kommt er sich dabei natürlich auch vor.

Wiebke wippt und nippt weiter und kann nur noch an die Stufen denken. Denn sobald Piet eine Treppe sieht, flitzt er hin und erklimmt sie zwar souverän. Aber ohne Hilfe, da ist sich Wiebke sicher, würde er sich bei jedem Versuch, die Stufen allein wieder runterzukommen, böse wehtun. Was ihn nicht daran hindern würde, es dennoch immer wieder zu versuchen. Sie sieht den Urlaub jetzt an sich vorbeiziehen. Ein Urlaub, in dem Thomas draußen auf der Liege liegt und sie drinnen an den Stufen hockt, eine Hand am Kind, hoch, runter, hoch, runter, hoch, runter. Rücken kaputt, Urlaub vorbei.

Das alles erinnert sie nur zu gut an die Sache mit dem Lauflernwagen, die tatsächlich seitdem immer nur noch „die Sache" genannt wird. Von Thomas jedenfalls. Wahrscheinlich, weil er ein schlechtes Gewissen hat. Zu Recht. Der Lauflernwagen, das ist eine Art Rollator, der nur im Unterschied zu dem Modell für Senioren keine Bremsen besitzt. Jedenfalls hatten sie den Lauflernwagen von einer Nachbarin geschenkt bekommen. Und eigentlich hätte Wiebke ihn gleich auf den Dachboden stellen sollen, schließlich war Piet, damals acht Monate, dafür noch etwas klein. Gerade war erst mal Sitzen dran. Fand Wiebke jedenfalls.

Piet sah das anders. Mit dem Ehrgeiz eines Hochleistungssportlers in der finalen Trainingsphase für die Olympischen Spiele zog er sich an Möbeln, Wänden, Menschen, eigentlich allem hoch. Und seitdem der Lauflernwagen dastand, eben auch an dem Lauflernwagen.

Und so geschah, was geschehen musste. Im Grunde hatte Wiebke den Unfall schon kommen sehen, bevor er geschehen war. Aber Thomas war auch da und sie wollte nicht, dass er dachte, dass sie wieder so rumhelikoptert, wie er es einmal gesagt hatte. Helikopter-Mama, das hatte in Hamburg jedenfalls schon vor Jahren die „Rabenmutter" vom ersten Platz der schlimmsten Schimpfwörter für Mütter geschubst. Helikopter-Mamas, das sind die, die ihre Kinder auch mit zwölf noch mit dem Auto die 300 Meter zur Schule fahren und die die Polizei alarmieren, wenn der kleine Jonathan dem kleinen Ludwig-Ferdinand das Dreirad weggenommen und der ihm daraufhin an den Haaren gezogen und ihm in die Ohren gekniffen hat.

Nein, so ist sie nicht. Auf jeden Fall nicht ganz so schlimm. Jedenfalls war der Helikopter-Spruch noch zu frisch und die Stimmung gerade zu gut und da wollte sie ihren – wenn überhaupt – XXS-Helikopter gar nicht erst abheben lassen. Dass sie diesen klitzekleinen Hubschrauber als Untermieter hat, der permanent flugbereit ist, war ihr bestgehütetes Geheimnis. Wiebke hatte sich angewöhnt, ihn wie eine Drohne zu steuern, während sie selber so tat, als folge sie einem Gespräch. Darin war sie richtig gut. Sie lachte an den richtigen Stellen, fragte nach und ließ in gekonnt regelmäßiger Unregelmäßigkeit ein Mhm oder Aha fallen. Infrastrukturelle Entwicklung der Ostseebäder? Die Tücken der E-Mobilität? Der Friedensprozess im Nahen Osten? Wiebke hatte eine Ecke im Gehirn dafür freigemacht, die sich ausschließlich darum kümmert, so zu tun, als würde sie an einem Gespräch teilnehmen. Der Rest der Schaltzentrale kümmerte sich um die Führung des Helikopters, den sie normalerweise so gut versteckte wie ein Alkoholiker die Flaschen im Kleiderschrank. Nach außen hin war sie entspannt, machte Witze und innen drin rotierte alles. Wenn es hart auf hart käme, müsste sie schließlich schnell sein.

Bei der Sache mit dem Lauflernwagen war das alles zwecklos gewesen. Keine Minute, nachdem Wiebke das erste Mal dachte, dass das eher ein Beinbrech- als ein Lauflernwagen ist, hatte Piet eine kleine Platzwunde an der Augenbraue. Er war von seinem Babyrollator abgerutscht und auf die Kante des Sideboards gefallen. Es dauerte eine Stunde, bis Piet aufhörte zu weinen, und weitere anderthalb, bis Wiebke aufhören konnte.

„In zwei Tagen sieht man davon nichts mehr", hatte Thomas gesagt. Nun, es waren nicht zwei Tage, sondern eher zwei

Wochen und „nichts" war auch nicht das richtige Wort, aber die Kruste war zumindest weg, eine kleine Narbe würde wohl bleiben. Auch in Wiebkes Gedächtnis.

Thomas dreht sich etwas umständlich auf die andere Seite, weil er glaubt, dass man das im Schlaf so macht. Und jetzt wünscht er, er hätte es einfach gelassen, weil es vorher doch bequemer gewesen ist. Er versucht, nachzudenken und das fällt ihm schwer. Irgendwie müssen sie das Thema so umschiffen, dass nicht ständig wieder „diese Sache" im Raum steht, wie Wiebke diesen Vorfall neulich immer genannt hat. Das hat sie ihm echt krummgenommen. Und er konnte das auch verstehen, aber Piet ist nun mal ein kleiner Junge und kleine Jungs hauen sich halt mal ein Knie auf oder donnern mit dem Kopf gegen eine Tischplatte. Was ihm leid getan hat, war der Spruch mit dem Helikoptern. Zumal er sich nicht ganz sicher war, ob sie das „schrapp, schrapp, schrapp", was er danach noch wütend vor sich hingenuschelt hatte, auch noch gehört hat. Manchmal war er ein verdammter Idiot.

Sie trinkt noch einen Schluck. Der Pastis breitet sich nun ganz und gar in ihrem Kopf aus und macht ihre Gedanken klar. Wie sollen sie abends in der Küche noch etwas kochen, ohne dass Piet aufwacht, so ganz ohne Tür als Lärmschutz? Und dann dieses Mäuerchen, das die Terrasse umrandet. Eine herrliche Höhe, um sich daran hochzuziehen. Wiebke geht zum Mäuerchen. Etwa einen Meter tief fällt es dahinter ab. Sie versucht, abzuschätzen, ob Piet dazu in der Lage ist, die Mauer hochzuklettern. Versuchen wird er es auf jeden Fall. Dann hat sich die Sache mit dem Buchlesen ja schon mal erledigt. Wie soll sie ein Buch lesen, wenn sie immerzu aufpassen muss, dass sich Piet nicht in den Tod stürzt? Und wie sieht es eigentlich mit dem Swimmingpool aus. Um Gottes Willen, sie hat gar nicht darauf geachtet, ob der Pool einen kletterresistenten Zaun besitzt.

„Gibt's hier eigentlich ein Krankenhaus in der Nähe?", fragt Wiebke jetzt, obwohl sie nicht wirklich mit einer Antwort rechnet. Was würde wohl alles passieren, wenn sie sich nicht ständig Gedanken machen würde? Sie stellt es sich vor: Thomas allein mit Piet hier im Urlaub. Und wie er einfach alles so machen würde wie früher, weil er die Dinge gar nicht sieht, die Wiebke sieht. Weil er sie nicht sehen will oder kann oder beides. Und wie er da auf der Liege liegt so wie in allen Urlauben vorher auch und Piet wahrscheinlich schon den Tag eins nicht überleben würde, weil er entweder an der Mauer in die Tiefe stürzen, im Pool ertrinken oder sich an diesen verdammten Stufen mitten in Raum den Hals brechen würde.

Früher ließ man die Kinder einfach machen, sagen immer alle. Dann hatten die halt mal blaue Flecken und Windpocken und dann ging die Welt auch nicht unter. Das vielleicht nicht. Aber Wiebke findet, wenn man sich entscheiden kann zwischen blauen Flecken und keinen blauen Flecken, dann nimmt sie lieber keine blauen Flecken. „Das Gerenne hält einen ja auch fit", hat sie sich schon sagen hören, wobei sie nicht mehr weiß, wann sie sich zum letzten Mal auch nur annähernd fit gefühlt hat. Ganz im Gegensatz zu Thomas. Der schnarcht zumindest gerade so laut, dass es fast lustvoll klingt.

Thomas stellt soeben belustigt fest, dass man auch mit geschlossenen Lidern die Augen verdrehen kann. Jetzt fragt Wiebke doch tatsächlich noch, ob es hier irgendwo ein Krankenhaus gibt. Darauf hat er jetzt wirklich keine Lust. Also entschließt er sich für Eskalationsstufe zwei: laut schnarchen.

Wiebke schenkt sich noch ein Glas nach und findet, dass Piet tief genug schläft, um ihn abzuschnallen und irgendwo abzulegen. Sie schnappt sich ein langes Sitzkissen für die Liege, legt das Kind vorsichtig darauf. Zum Glück funktioniert es.

Bloß ist für Wiebke jetzt kein Kissen mehr übrig. Und so legt sie sich auf den harten Steinboden, bettet ihren Kopf auf die Reisetasche mit den Windeln und ärgert sich immer noch über die Stufen, aber ganz besonders über Thomas, aber alles jeweils schon ein kleines bisschen weniger als vorhin. Man muss ja auch mal konstruktiv denken.

Man könnte zum Beispiel einfach mal die Rollen tauschen. Also, nicht immer gleich aufstehen und zum brüllenden Piet rennen. Vielleicht mal eine Beule riskieren und schauen, ob Thomas dann was merkt? Aber dann stellt Wiebke sich vor, wie Piet die Stufen hochklettert, und sie sieht, was gleich passieren würde, und weil sie wüsste, dass sie recht hat, müsste sie nun entweder hingehen oder wegsehen, aber das Wegsehen würde sie eh nicht aushalten. Und überhaupt: Wäre es das wert? Ein aufgeschlagenes Knie für einen Sinneswandel? Wiebke findet: eigentlich schon. Und schämt sich sofort bei dem Gedanken. Aber eine aufgeplatzte Lippe? Ein eingerissenes Ohr? Ein gebrochener Arm? Dann wäre der Urlaub sofort hinüber, so kann es also auch nicht gehen. Wiebke schließt die Augen und überlegt, ob es eine Option wäre, den Urlaub über einfach verstärkt mit Alkohol zu arbeiten. Und dann schläft auch sie ein.

Thomas fühlt sich unwohl. Denn obwohl er sein Bestes gibt, glaubt er, dass sein Kunstschnarchen völlig absurd klingt. Leichtes Rasseln durch die Nase beim Einatmen und dann ein kurz durch die Lippen abgestopptes und freigelassenes

Puh. Aber jetzt mittendrin die Schnarchtechnik zu ändern, wäre Quatsch. Einmal Puh, immer Puh. Während er darüber nachdenkt, wie und wann er glaubwürdig in einen wachen Zustand zurückfinden könnte, hört er es plötzlich neben sich deutlich glaubhafter schnarchen. Und dann sieht er Wiebke, wie sie unten auf dem harten Boden zwischen den beiden Liegen liegt, mit ihrem Kopf auf der Reisetasche, und dabei ein bisschen aussieht, wie eine Backpackerin, die in Südvietnam seit 16 Stunden auf den einzigen Überlandbus nach Hanoi wartet und eingeschlafen ist.

Und er findet, dass sie sehr schön dabei aussieht. Als er die Pastis-Flasche entdeckt, dessen Füllvolumen sich beachtlich dezimiert hat, beschließt er, das Auspacken besser allein zu erledigen. Er steht leise, beinahe schon behutsam auf, schleicht ins Appartement hinein, schnappt sich seinen Rollkoffer und die schwere IKEA-Tasche mit dem Kinderspielzeug und fragt sich dabei, ob das alles nötig gewesen ist. Dieses ganze Zeug, einen halben Haushalt einpacken, auspacken und später wieder einpacken zu müssen, denn dem Kind ist das doch sowieso egal, denkt er und dann ist es auch schon zu spät. Mit der Sohle seines rechtes Fußes bleibt er an der zweiten Stufe hängen und fällt vornüber, wobei ihm beide Gepäckstücke aus der Hand fallen. Der Sturz ist mäßig schmerzhaft und harmlos, das weiß er sofort. Aber das Krachen der Koffer war laut genug, um die schlafende Restfamilie aufzuwecken. Piet brüllt jedenfalls von null auf hundert los und auch Wiebke steht schon wieder wie eine Eins da, nimmt Piet auf den Arm, tröstet das Kind und blickt zu Thomas rüber. Und während sie auf- und abwippt, sieht sie, so scheint es ihm zumindest, so aus, als wäre sie ihm unendlich dankbar.

Oktober. Die Sirene

Die Inuits haben ungefähr 100 Wörter für Schnee. Sagt man jedenfalls. Und Inga kann das gut nachvollziehen. Wenn sich schließlich ständig alles um Schnee dreht, dann ist ja klar, dass man da irgendwann tiefer einsteigt. Bei ihr ist das so ähnlich. Nur dass sich in ihrem Leben nicht alles um Schnee dreht, sondern um das Gebrüll von Jesper. Dafür hat sie inzwischen auch ungefähr 100 verschiedene Wörter. Zum Beispiel die Sirene (aaaaaaaaaaaAAAAAAAAaaaaaaa), die Wackelzunge (alalalalalalalalaaaaa), der Motor (mfh-mfh-mfh-mfh-mfh), die Ziege (mä-ä-ä-ä-ä-ä-ä-ä), das Schaf (määääääääh), das U-Boot (Luftanhalten), meist gefolgt von der Eskalation (Buuuu-uuuuuuähhhhhhhh). Jetzt gerade ist es eine Art Medley aus der Ziege, der Sirene und dem Schaf, die aus dem Kinderzimmer nebenan rübertönt. Heiner schenkt Inga ein Glas Wein ein und schaut auf die Eieruhr. „Noch drei Minuten, dann gehen wir zu ihm", sagt er. Was für ein beschissenes Experiment, denkt Inga und nimmt einen sehr großen Schluck Wein.

Rückblick:
Mehr als drei Stunden täglich, an mehr als an drei Tagen die Woche und das über mehr als drei Monate: Die offizielle Definition von „Schreibaby" kannte Inga inzwischen auswendig. Es gab Tage, da war sie sich sicher, dass Jesper genau das war: ein Schreibaby. An anderen sah sie das anders. Und schließlich

stand sie ja auch nicht mit der Stoppuhr daneben, wenn Jesper weinte.

An besonders lauten Tagen war sie auch ganz froh darüber, dass keine Messdaten existierten, die diesen Wahnsinn auch noch schwarz auf weiß dokumentierten.

Einfach, weil gemessene Werte dem Ganzen vielleicht irgendeine Art von Wissenschaftlichkeit gegeben hätten – aber wem hätte das geholfen? Und selbst wenn das mit dem Schreibaby stimmte – was würde dieser Titel ändern?

Fakt war: Nachdem er die ersten Wochen seines Lebens durchgebrüllt hatte, legte er irgendwann seine geballte Kernkompetenz auf die Abendstunden. Was für ein Timing!

Statt also auf dem Sofa zu liegen, schuckelten Inga und Heiner ihren Jesper oft stundenlang abwechselnd über den Flur, hin und zurück und hin und zurück. Bis einer nicht mehr konnte. Nur, dass das leider selten Jesper war.

Heiner nahm das am Anfang noch vergleichsweise locker: „Babys schreien nun mal. Was soll Jesper denn sonst machen, wenn ihm etwas nicht gefällt?"

Aber Inga wusste intuitiv doch, dass es sich bei Jesper definitiv um ein Baby für Fortgeschrittene handelt – was nur leider bei Anfängereltern wie ihnen gelandet war. Das Gefühl bestätigte sich, als Inga nach ein paar Monaten begann, sich mit anderen Müttern zu treffen. Den ersten Realitätsabgleich erlebte sie beim Babymassagekurs, den ihre Hebamme ein paar Blocks weiter anbot. Ein schöner, ruhiger Raum, Teelichte, Kissen auf dem Boden, Panflöten-Musik und flauschige Deckchen, auf denen die Babys von ihren Mamas massiert werden sollten.

Doch Jesper landete nie auf einem dieser Deckchen. Während die anderen Säuglinge glücklich und zufrieden die erste Wellnessanwendung des Lebens genossen, schuckelte Inga Jesper auf dem Arm durch den Raum. Erst schauten alle noch mitfühlend und die Hebamme redete ihr gut zu, doch nach fünf Minuten schaute keiner mehr zu ihr. Nach weiteren zehn Minuten nahm die Hebamme sie zur Seite und flüsterte ihr zu, dass es vielleicht besser wäre, sie würde gehen und es in der kommenden Woche noch mal versuchen. Inga nickte und war einfach nur enttäuscht. Auf der anderen Seite hätte sie diese Panflöten-Sirenen-Mischung auch keine Sekunde länger mehr ausgehalten.

Also packte sie zusammen und nuschelte irgendwas was von einem heftigen Entwicklungsschub, in dem sich Jesper gerade befinden würde. Es war das erste und letzte Mal bei der Babymassage. Wer Wellness will, muss freundlich sein.

„Wachstumsschub", das ist ein wichtiges Wort im ersten Babyjahr, das hatte Inga schnell kapiert. Ein Wort, das einem einen Moment Ruhe verschafft vor Nachfragen und komischen Blicken. Noch vor „Impfen" oder später „Zähne", die Allzweckwaffe, um nicht sagen zu müssen: Das Kind hat eine trockene Windel, es hat geschlafen, gegessen, hat keine Blähungen, ihm ist auch nicht heiß oder kalt, aber es schreit trotzdem, und zwar schon lange, und ich habe leider keine Ahnung, warum.

Wahrscheinlich ist das der eigentliche Grund dafür, warum sich alle die Apps runtergeladen haben, in denen die Eltern nicht nur erklärt bekommen, warum ihr Nachwuchs phasenweise eine robbende Zumutung ist, sondern auch, wann das Kind erfahrungsgemäß gedenkt, diese Phase zu beenden. Gleich kurz nach Jespers Geburt hatte sich auch Inga so eine App besorgt und erfahren, dass es im ersten Lebensjahr acht große Quengelphasen gibt, die jedes Baby im ungefähr gleichen Rhythmus durchleben würde.

Und so gab Inga das Geburtsdatum von Jesper ein und nur wenige Sekunden später ploppte ein personalisierter Kalender für ihren Sohn auf. Jeder Tag war mit einem Symbol gekennzeichnet. Sonne für gute Laune, Wolken für schlechte Laune, und für ganz harte Tage: schwarze Gewitterwolken.

Demnach müsste die kommende Woche eigentlich ein freundlicher Mix aus Sonne und Wolken sein, las Inga, was sie umgehend entspannte.

Nachdem Jesper die erste „Sonnenwoche" durchgebrüllt hatte, glaubte sie an einen Technikfehler, nach der zweiten prüfte sie, ob sie das Geburtsdatum vielleicht falsch eingegeben hatte, nach der dritten löschte sie die App. Sie hat es doch gleich gewusst: Das bei Jesper sind keine Schübe oder Sprünge, das ist einfach Jesper.

Nun war es nicht so, dass es nicht auch gute Tage gab. Oder zumindest gute Stunden, die reichten, um wieder etwas Kraft zu schöpfen und Pläne zu schmieden. Es waren diese guten Tage, an denen sich Inga mit Jesper dann hochmotiviert beim PEKiP, Babyschwimmen und bei der Pampersgymnastik anmeldete. Aber es endete jedes Mal wie bei der Babymassage: Premiere und Finale fielen in der Regal auf denselben Termin.

Als Jesper fünf Monate alt war, hätte er, wie eine intensive Studie der hauseigenen Fachliteratur-Bibliothek ergeben hatte, die ganz schlimme Schreiphase längst hinter sich gelassen haben müssen. Weil er aber besonders an den Abenden immer noch schrie, machten Inga und Heiner einen Termin beim Kinderarzt, um zu hören, was der Fachmann dazu meinte. Zwei Stunden mussten sie warten, um wiederum in weniger als zweieinhalb Minuten vom Arzt erklärt zu bekommen, dass man da nichts machen könne und dass es nur eine Frage der Zeit sei, bis Jesper wieder ruhiger werden würde.

In der Woche drauf versuchten sie es – absolutes Neuland – bei einer Osteopathin. Es hatte ja bisher aus ihrer Sicht keinen Grund gegeben, woanders hinzugehen als zu einem Arzt. Da waren sie wie Soldaten: Wenn der Arzt sagte, nehmt Hustensaft, nahmen sie Hustensaft, und wenn er sagte, man solle sein Kind impfen, dann impften sie ihr Kind. Aber dass der Arzt nach all den Wochen nichts anderes zu sagen wusste, als dass man einfach abwarten solle, war irgendwie nicht das, was sie erwartet hatten. Und auch nicht das, was sie hören wollten. Man musste doch irgendetwas tun können.

Also hörten sie auf eine Bekannte, die ihnen vorschlug, einen Osteopathen aufzusuchen, wobei Inga im Grunde keine Ahnung hatte, was Osteopathen eigentlich genau machen. Dabei hatte sie schon oft in irgendwelchen Runden danach gefragt. Doch die Antworten speicherte ihr Gehirn jedes Mal maximal so lange wie Snapchat ein Foto. Das Einzige, was hängengeblieben war: irgendwas mit ganzheitlich. Und dagegen war doch erst mal nichts einzuwenden, fand sie.

Als sie dann aber mit Heiner auf Wollsocken in dieser Osteopathiepraxis saß, war sie sich da doch nicht mehr so sicher. Die ersten 30 Minuten (Stundensatz 90 Euro) ging es um nichts anderes als die „sprachliche Aufarbeitung" des Geburtsvorganges. Und das verstand Inga nicht so richtig, weil die

Geburt bisher von allem am ehesten so verlaufen war, wie sie sich das gedacht hatte: nämlich ziemlich zackig. Nach einer Stunde im Kreißsaal war Jesper schon da.

„Und da haben wir ja das Problem vielleicht schon", sagte die Osteopathin. „Gut möglich, dass Jesper ein Trauma von der Sturzgeburt hat." Jesper würde sich nun fühlen, als wäre er auf die Welt katapultiert worden, obwohl er vielleicht noch gar nicht so weit war. Der Weg durch den Geburtskanal sei eben auch ein Weg des Abschiedes und der sei bei ihm zu kurz gekommen.

Aus dem Augenwinkel sah Inga, wie Heiner auf die Uhr schaute. Schon 40 Minuten rum. „Also gut, und wie behandeln wir nun dieses, äh, Geburtstrauma?", fragte Inga schnell.

Die Osteopathin fühlte sich offenbar in ihrem Gesprächsfluss unterbrochen, jedenfalls schaute sie irritiert. „Also Inga", sagte sie (und Inga fragte sich, wann sie ihr das Du angeboten hatte). „Erst mal finde ich es schön, dass du so lösungsorientiert bist, aber ein wichtiger Teil des Prozesses ist, dass ihr die Situation annehmt und Verständnis zeigt für das Trauma. Das ist ja immerhin ein Einschnitt …"

Inga intervenierte, indem sie den Arm hob. (Das hatte sie mal in einem Kommunikationsseminar gelernt, für den Fall, dass man in einem Gespräch nicht zu Wort kommt.) „Wollen wir das mit dem Annehmen und Verstehen nicht mal, wie soll ich sagen, vorempfinden?", schlug sie vor. „Also ich nehme das jedenfalls wirklich an, versprochen, das mache ich", sagte sie, hob die Hand zum Indianer-Ehrenwort und fragte: „Und was machen wir jetzt?"

Die Osteopathin pustete etwas gepresst Luft aus, die sie offenbar angehalten hatte. „Nun gut. In solchen Fällen hat sich die Festhaltetherapie bewährt." Sie erklärte: „Da geht es um das ganz bewusste Festhalten des Kindes, auch, wenn es das gerade vielleicht gar nicht will, weil es eben in manchen Situationen sehr viel Wut in sich hat durch das gestörte Urvertrauen zur Mutter. Dieses gestörte Urvertrauen kann durch das Festhalten, das die Enge im Mutterleib simuliert, wiederhergestellt werden."

Heiner rutschte inzwischen unruhig auf seinem Stuhl hin und her und hatte diesen Blick, der nichts Gutes verhieß. Den kannte Inga schon. Den hatte er immer dann, wenn er das Gefühl hat, dass er aus einer Situation flüchten will, in der er gegen seinen Willen festgehalten wird. Erst verstummt er und dann bricht es aus ihm heraus oder – und das ist meist die bessere Variante – er geht einfach und reagiert sich ab. Als Inga sich gerade überlegte, dass sie das auch in diesem Moment vorziehen würde, klingelte die Eieruhr, die Dagmar auf 60 Minuten gestellt hatte. „So", sagte sie und zog das „o" dabei sehr lang. „Da ist die Zeit ja ganz schön verflogen." Inga nickte, bedankte sich, sagte, man würde mal „in sich gehen", weil sie glaubte, dass das eine gute Formulierung sei für eine Osteopathin „und dann würde man sich gegebenenfalls noch mal melden". Dann legte sie 90 Euro auf den Tisch und war froh, dass Heiner das nicht mitbekam, der längst den Raum verlassen hatte.

In den nachfolgenden Wochen konsultierte Inga noch einen Kinderpsychologen, der zu „festen Ritualen und Zeiten riet" (90 Euro), eine Bewegungstherapeutin, die „Baby-Yoga" empfahl, damit das Kind lernt, sich selbst zu beruhigen (100 Euro), und eine Kinderheiltherapeutin, die ein paar Globuli verschrieb, aber auch deutlich machte, dass sich der Erfolg nicht über Nacht einstellen würde (150 Euro).

Die Termine hatte Inga allesamt heimlich vereinbart und alleine, also nur mit Jesper, wahrgenommen. Heiner war nach der Sache mit der Osteopathin inzwischen nicht mehr gut auf das Thema zu sprechen. „Alles Geldmacherei und Hokuspokus", sagte er. Inga wusste nicht so recht, was sie glauben sollte, fand aber, man sollte nichts unversucht lassen. Schließlich war sie es ja auch, die den größten Teil des Gebrülls jeden Tag abbekam.

Doch dann war da neulich der Besuch von ihrer 70-jährigen Nachbarin Frau Seifert, die auf derselben Etage lebte. Obwohl es das Wort Besuch vielleicht nicht ganz traf. Frau Seifert hatte bei ihnen geklingelt, weil ihr das Gebrüll wohl irgendwie sehr intensiv vorgekommen sei, und dann hatte sie irgendwie Gesprächsbedarf gesehen. Eine handfeste Frau, keine Frage. Eine Frau, die größtenteils allein vier Kinder großgezogen hatte. Und da stand sie nun in Hausschuhen vor ihnen auf dem Hausflur und sagte: „Ich will mich ja nicht einmischen. Aber wir haben die Kinder früher nicht so betütert und auch mal schreien lassen. Irgendwann hören sie dann damit auf, weil sie sehen, dass das nichts bringt. Das ist klassische Konditionierung", sagte sie noch – wohl in dem Glauben, dass ein Fachwort ihrem Beitrag gut stehen würde. „Heute werden die Kinder einfach zu sehr verwöhnt", meinte sie, und Heiner nickte und schaute zu Inga rüber, bei der Jesper auf dem Arm inzwischen doch noch eingeschlafen war. Und Inga schaute zu Jesper und dachte: „Wo ist das Schreibaby, wenn man es mal braucht …?" Sie bedankten sich für den Ratschlag und wünschten noch einen schönen Abend.

Inga tat, als hätte sie die Ratschläge nicht gehört, aber als Heiner noch am selben Abend das Gespräch suchte, wusste sie gleich, was los war. „Das, was die Frau Seifert gesagt hat, ist ja vielleicht gar nicht so falsch", sagte er. „Es ist doch zumindest mal einen Versuch wert, nicht immer gleich hinzurennen, sondern mal zu warten, bis er sich irgendwann allein beruhigt. Zumindest abends sollten wir das mal versuchen. Wir können ja auf Dauer nicht jeden Abend einen Halbmarathon auf dem Flur zurücklegen." Ingas Bauch krampfte sich zusammen, sie machte einen spitzen Mund und machte zwei Knöpfe ihrer Bluse auf, weil sie das Gefühl hatte, dass ihr die Luft wegblieb. „Nicht gleich aufregen", sagte Heiner. „Im Gegensatz zur Osteopathin hat der Rat immerhin nichts gekostet und es mal zwei Abende auszuprobieren, kostet auch nichts. Wenn es nicht klappt, laufen wir halt wieder jeden Abend einen Halbmarathon mit Jesper auf unserem Flur."

Heiner strich ihr über den Rücken. Inga nickte und sagte: „Aber nur, wenn wir das zusammen machen."

Und so war der Plan gefasst. Und zum Glück gab es für jedes Vorhaben dieser Art auch Literatur. Inga besorgte sich jedenfalls ein Buch, dessen Autor versprach, dass jedes Kind allein zur Ruhe und in den Schlaf finden würde, wenn man sich nur an seinen Fahrplan halten würde. Und der Fahrplan ging ungefähr so: Wenn man sicher ist, dass das Kind keine volle Windel oder Hunger hat, dann sollte man es, wenn es schreit, nicht mehr stundenlang durch die Wohnung tragen, sondern ablegen und ihm die „Gelegenheit geben, sich selbst zu beruhigen". Nach ungefähr 15 Minuten sollte man dann wieder zum Kind gehen, es sanft beruhigen, ein Lied singen, die Hand halten und sich dann erneut verabschieden.

Wenn das alles war, würde Inga auch demnächst damit anfangen, Bücher zu schreiben, dachte sie. Aber immerhin könnten sie die Schuld auf jemand anderen schieben, wenn es nicht klappen sollte.

Und dann kam der Montag, an dem sie mit dem Vorhaben starten wollten. Und als es so weit war, war dann auch Inga trotz ihrer Grundskepsis irgendwie neugierig, ob es klappen würde oder nicht. Zumindest war sie willens, es ernsthaft zu versuchen, zumal sie inzwischen auch keine Idee mehr hatte, was man sonst noch tun könnte. Um 19 Uhr legten sie Jesper in sein Bett, sangen ihm ein Lied, wünschten ihm eine gute Nacht und ließen ihn in seinem Zimmer liegen.

Und nun sitzen sie seit 1,5 Stunden vor dieser Eieruhr in der Küche und Inga klammert die Hände um ihr Weinglas und fragt sich, ob Lautstärke und Frequenz oder eins von beiden ausreichen würden, um ihre Gläser gleich zum Zerspringen zu bringen. Jesper schreit ohrenbetäubend.

Als die Eieruhr die ersten Male geklingelt hatte, ist Inga noch selbst rüber und hat Jesper beruhigt. Aber weil sie es nicht ertragen konnte, ihn danach wieder allein zu lassen, hatte sie gesagt, dass Heiner das jetzt mal schön selber machen könne. Ohne seine „sensationelle Idee", würde man jetzt schließlich nicht hier sitzen, sondern mit etwas Glück schon auf dem Sofa. Jedenfalls war sie in den vergangenen 1,5 Stunden durchgehend den Tränen nahe.

Und jetzt reicht es ihr. Inga haut jedenfalls nun mit aller Kraft auf den Tisch und fordert den sofortigen Abbruch dieses lächerlichen Experiments.

Heiner schüttelt den Kopf. „Wenn wir jetzt abbrechen, dann war das alles zwecklos", sagt er. „Wenn wir jetzt abbrechen, hat es gar nichts gebracht. Das kann es doch auch nicht sein."

Inga starrt auf die Eieruhr. Dass sie inzwischen das Zeitgefühl verloren hat, keine Frage. Aber dass Jesper inzwischen seit deutlich mehr als einer Viertelstunde weint, da kann sie ihr Gefühl doch wirklich nicht täuschen. „Die Zeit ist doch längst rum", sagt Inga und erschrickt etwas, weil es mehr nach Schreien als nach Sprechen klingt.

Heiner verzieht genervt das Gesicht. „Jetzt hör auf mit dieser Panikmache", sagt er. „Das Kind ist ja nicht in Gefahr oder so. Es weint halt nur. Du brauchst nur etwas Geduld." Inga erwägt für den Bruchteil einer Sekunde, die Eieruhr gegen die Wand zu schmeißen, sagt dann aber nur. „Geduld brauchen inzwischen auch die Nachbarn", sagt sie. „Sonst ruft am Ende noch der Drachen von gegenüber das Jugendamt. Aber ich sag dir, wenn die hier klingeln, dann sag ich denen direkt, wer uns das eingebrockt hat, und schicke sie rüber zu der Hexe."

„Psst", macht Heiner plötzlich. „Hör mal!" Inga stellt ihr Glas ab. Nichts, plötzlich ist Stille. Hat er nicht gerade noch lauthals gebrüllt? Oder war das schon so eine Art Phantombrüllen? Heiner strahlt sie an und will gerade mit ihr anstoßen, als es plötzlich an der Tür klingelt. „Die Nachbarn", sagt Inga. „Hab ich doch gesagt. Ich geh schnell hin. Und kläre das."

Inga öffnet die Tür und dann wird ihr schwarz vor Augen, ihr Herz scheint direkt in ihrem Kopf zu pochen, mit der Hand sucht sie Halt an der Tür. „Heiner", ruft sie. „Das sind nicht die Nachbarn. Das ist die Polizei."

Einer der beiden Streifenpolizisten, der sich als Herr Wegener vorstellt, sagt, sie seien von Nachbarn alarmiert worden wegen des Verdachts auf Kindeswohlgefährdung. Man hätte seit Stunden einen Säugling schreien gehört und den Eindruck gehabt, die Eltern seien nicht zu Hause.

„Haben Sie einen Säugling hier?", fragt der Polizist nun.

„Ja", flüstert Inga. „Aber wir können das erklären. Wir wollten doch nur, dass er lernt, sich alleine zu beruhigen. Können wir das bitte drinnen besprechen?", fragt sie und es klingt wie ein Flehen.

Die stehen doch jetzt alle an ihren Türen und lauschen, denkt sie. Wer das wohl gewesen ist? Kann es wirklich sein, dass der Drachen ihnen erst den Rat gibt, das Kind schreien zu lassen, und dann die Bullen ruft? Die hätte doch – Drachen hin, Drachen her – sicher erst mal geklingelt. Da hatte sie doch sonst auch keine Hemmungen. Immerhin geht das Gespräch nun in der Wohnung und hinter verschlossener Tür weiter.

„Erst mal würden wir gerne das Kind sehen", sagt Herr Wegener. Nachdem er den schlafenden und unversehrten Jesper in seinem Bett vorgefunden hat, bittet er Heiner nun, die Balkontür, die in den Innenhof führt, zu öffnen. „Wieso das denn?", fragt Heiner. „Weil wir den anderen Kollegen Bescheid sagen müssen." Heiners Gesichtszüge entgleisen. „Den anderen Kollegen? Wie viele sind denn noch da?" „Noch zwei", sagt der Polizist. Die Alarmierung sei schließlich nicht aus demselben Haus gekommen, sondern von einem Haus auf der anderen Seite des Hofes. Wegener geht auf den Balkon und gibt den Kollegen ein Zeichen. Fehlalarm.

„Wir müssen das nun trotzdem aufnehmen und für die Akten dokumentieren. Was ist denn hier vorgefallen?", sagt sein Kollege dann.

Vorgefallen? Akten? Dokumentieren? Inga spürt, wie sich ihre Augen mit Tränen füllen. Sie weiß nicht, wo sie anfangen soll. Und dann macht Heiner eine Schublade auf, in der er eigentlich nichts zu suchen hat, weil hier Inga ihre privaten Unterlagen aufhebt. Inga will erst intervenieren, aber dann glaubt sie, zu wissen, wonach Heiner sucht. Zielsicher fischt er die Bescheinigungen und Rechnungen der Homöopathin, der Heilpraktikerin, der Baby-Yoga-Trainerin und der Osteopathin aus der Schublade. „Wir haben in den vergangenen Monaten ungefähr die Summe eines Familienurlaubs dafür ausgegeben, um herauszufinden, warum Jesper so viel brüllt und wie wir ihm helfen können. Es hat einfach nichts geklappt und am Ende haben wir gedacht, wir hören mal auf die liebe Nachbarin, die sagte, wir müssten ihn einfach mal schreien lassen." Der Polizist atmet tief ein und aus und nickt. Dann notiert er die Eckdaten und auch, dass kein Verdacht auf Kindeswohlgefährdung vorliege, und lässt Heiner und Inga unterschreiben.

Heiners rechtes Augenlid zittert, er gibt dem Polizist die Hand und verlässt das Zimmer. Inga begleitet Herrn Wegener noch zur Tür. Ihr Herz pocht immer noch. „Darf ich Ihnen einen ganz persönlichen Rat aus eigener Erfahrung mitgeben?", fragt er. Inga nickt. „Gehen Sie mit Ihrem Mann mal wieder regelmäßig zu dem netten Vietnamesen hier auf der Ecke und investieren Sie Ihr Geld lieber in einen ordentlichen Babysitter statt in irgendwelche komischen Trainings." Dann geht er die Treppen runter. Inga bleibt noch einen Moment hinter der Tür stehen, und hört, wie ihre Nachbarn über und unter ihr versuchen, ihre Wohnungstüren so leise wie möglich zu schließen. Dann schließt auch sie die Tür zu ihrer Wohnung.

Immerhin, die Idee mit dem Vietnamesen hat sie zumindest so weit abgelenkt, dass ihr Herz nun zumindest nicht mehr bis ins Ohr pocht. Dann geht sie dem Gläserklirren hinterher und findet Heiner in der Küche, der zwei Gläser mehrere Daumen breit mit Grappa befüllt.

Inga schaut auf die Gläser und auf die Uhr und weiß nicht, was sie sagen soll. Sie würde am liebsten sehr schnell schlafen, den Abend vergessen und dann ihren Umzug planen, bloß weg von hier, damit sie die Nachbarn nie wieder sehen müsste. Aber sie weiß im Grunde auch, dass man nach so einem Abend nicht einfach ins Bett gehen kann. Und so nimmt sie ihr Glas und trinkt einen Schluck.

Dann sitzen sie noch eine Weile voreinander, starren durch das Küchenfenster auf das Haus gegenüber, bei dem inzwischen alle Vorhänge zugezogen sind. „Ich finde, wir sollten mal wieder zum Vietnamesen gehen", sagt Inga in die halbdunkle Stille. Heiner hebt kurz den Kopf und schweigt.

Und dann geht plötzlich – wie aus dem Nichts – die Eieruhr los, was Heiner so sehr erschreckt, dass er sein Glas fallen lässt. Erst starrt er die Eieruhr an, danach seine Frau. Und dann muss Inga erst leise und dann sehr laut lachen.

November. Struktur

7 Uhr: Hanna hat es tatsächlich getan. Sie hat den Wecker ausgemacht und ist liegen geblieben. So fühlt sich das also an. Dieses Liegenbleiben. Wenn es jemals eine Sache gegeben hat, die Hanna nicht verstanden hatte, dann war es die Schlummerfunktion beim Wecker. Bei Hanna gab es immer nur entweder Wachsein oder Schlafen. Peter hat das nie verstanden, er wollte den Tag langsam kommen lassen, sich noch mal umdrehen, noch mal die Augen zumachen. Manchmal würde sie ihm jetzt gerne schreiben, dass sie ihn doch verstehen kann. Ein bisschen zumindest. Aber dadurch würde er auch nicht wieder zu ihr zurückkommen.

Jetzt gerade hat Hanna das Gefühl, es wäre einfach richtig, noch einen Moment lang liegen zu bleiben und zu überlegen, mit was für einer Art Tag sie es heute zu tun hat. Zunächst mal ist es 7.02 Uhr und es ist Dienstag. Allein das ist irgendwie schon zu viel. Denn eigentlich fühlt es sich so an, als wäre sie noch im Montag hängengeblieben oder im Sonntag. So wie jemand, der morgens von einer Party nach Hause läuft und lauter Leute auf der Straße sieht, für die schon heute ist und für einen selbst ist noch gestern. Aber es nützt ja nichts. Hanna starrt ins Dunkel und geht ihre To-do-Liste, die wie jeden Tag auf ihrem Nachttisch bereitliegt, im Kopf durch. Sie kann sie eh auswendig. Das mit den Listen hat irgendwann in der Schulzeit angefangen.

Peter hat das zwanghaft genannt. Besonders, weil sie manchmal noch Dinge nachträglich auf die Liste setzte, nur um sie dann sofort wieder zu streichen. Aber Peter wusste im Grunde auch nicht, wovon er redete. Künstler halt. Als sie sich kennengelernt haben, war er in diesem freien Künstlerkollektiv aktiv, Hanna hatte gerade ihre eigene PR-Agentur gegründet. Es konnte gar nicht gutgehen.

Das mit Abstand Beste, was bei der Sache mit Peter rausgekommen ist, ist Emil, der sich gerade langsam neben ihr wachschnorchelt. Seit Emil da ist, sind die To-do-Listen noch wichtiger geworden, aber auch komplizierter, weil es ständig Punkte gibt, die von einem Tag zum nächsten wandern und dann noch einen und dann noch einen. So wie der Punkt „Geburtstagsgeschenk", der vergangenen Mittwoch ganz frisch und weit oben auf der Liste ins Rennen ging und nun ganz unten gelandet ist, dafür aber jeden Tag ein weiteres Ausrufezeichen hinter sich gesammelt hat ... Gemeint war das Geburtstagsgeschenk für ihre beste Freundin Imke, die morgen feiern würde. Und Hanna hatte sich – was auch immer sie da geritten hat – dazu bereit erklärt, das Geld von den anderen Gästen einzusammeln und das Gruppengeschenk zu organisieren: einen Gutschein für einen Segelkurs auf der Alster.

Heute würde es keine Ausrede mehr geben. Heute müsste sie zu diesem Segelclub fahren und den Gutschein besorgen. Nur wann?

Sie studiert die Liste.

- 8 Uhr: Emil zur Tagesmutter bringen
- 9 Uhr: in die Agentur (u. a. Mitarbeitergespräch mit Tobi), nach der Mittagspause zwei Kundenmeetings (Brustkrebs-Charity-Lauf und Treffen mit den Erfindern dieser neuen

proteinreichen Insektenriegel); direkt im Anschluss daran ein Treffen wegen der „Gemeinsam gegen Rechts"-Kampagne.
- 15 Uhr: Emil von der Tagesmutter abholen
- Bis 16.30 Uhr: Gutschein abholen
- 17 Uhr: den Tag mit Emil ausklingen lassen

Für 19 Uhr hatte sie ursprünglich noch „Entspannung" eingetragen, aber dann doch durchgestrichen. Das fand selbst Hanna irgendwie zu verkopft.

In diesem Moment erreicht nun auch Emil den Wachzustand. So wie seine Mutter kennt auch er nur Wachsein und Schlaf, Schwarz oder Weiß, ganz oder gar nicht. Sofort seilt er sich rückwärts vom Bett ab, um seine allmorgendliche Expedition durchs Schlafzimmer zu starten. So, als würde er auch eine Liste abarbeiten. Plötzlich klirrt es. Hanna springt aus dem Bett und dann zur Fensterbank. Sie weiß sofort, was los ist. Der Kaffeebecher. Den hat sie da gestern nur kurz abgestellt und dann vergessen. Das ist das Vertrackte beim Muttersein, denkt sie. Ein Kind ist im Grunde der härteste Arbeitgeber der Welt, der jede noch so kleine Unachtsamkeit sofort bestraft:

Toilettendeckel aufgelassen = Schlüssel im Klo. Kind im Kinderwagen nicht angeschnallt = Kind fällt raus. Und jetzt, gerade eben: Tasse stehen gelassen = Tasse kaputt.

Emil brüllt. Sie nimmt ihn sofort auf den Arm, damit er nicht durch die Scherben läuft, und holt den Staubsauger. Dass Emil nicht wie sonst mithelfen darf, sorgt dann bereits für die erste kleine Missstimmung des Tages. Wobei kleine Missstimmung nicht ganz zutrifft. Seitdem er mal wieder ziemlich tief in einem dieser Entwicklungsschübe steckt, gibt es zwischen Wie-am-Spieß-Brüllen und Fröhlichsein keine Zwischenstufen mehr.

Hanna geht mit Emil ins Badezimmer. Sie versucht, sich die Zähne zu putzen, während er sich an ihrem Bein hochzieht. Um seinen zweiten Wutanfall noch vor Sonnenaufgang zu verhindern, nimmt sie ihn wieder auf den Arm. Er versucht, ihr die Zahnbürste aus dem Mund zu ziehen, Hanna drückt ihn weg, dabei landet sein Fingernagel irgendwie in ihrem Auge. Sie denkt: Fingernägel vergessen zu schneiden = Augen kaputt.

„Aua, verdammt", ruft sie und hält sich die Hand vors Auge. Emil zieht ihr die Zahnbürste aus der Hand und wirft sie in die Badewanne.

Früher, als das mit Peter noch lief, haben sie sich dauernd überlegt, wie sie das alles machen würden mit einem Kind. Dabei fühlten sie sich sehr modern. Sie würde nach einem Jahr wieder Vollzeit arbeiten gehen, er würde sich dann um das Kind kümmern und den Haushalt. Seine Kunst würde er in Teilzeit weitermachen, wobei sie diesen Begriff nie verwenden durfte, weil es solche Begriffe in Peters Leben nicht gab. Teilzeit, Überstunden, Personalabteilung. Egal. Da Peter nicht mehr da war, musste ein anderes Modell her. Und das geht so: Sie arbeitet jetzt in Vollzeit, jemand anderes kümmert sich gegen Bezahlung um Emil, sie sich um den Haushalt und niemand macht Kunst. Die Bilanz nach zwei Wochen: Es fühlt sich nicht besonders modern an. Sondern einfach nur besonders anstrengend.

Zwei Anrufe in Abwesenheit. Und eine Nachricht auf der Mailbox. Die Tagesmutter hat einen Magen-Darm-Infekt. Das heißt: Bis zum Ende der Woche hat Emil keine Betreuung. Hanna atmet ein paarmal tief durch. War ja klar, dass das früher oder später mal passieren würde. Ein System ist eben nur dann gut, wenn es auch funktioniert, wenn mal eine Säule wegbricht. Das hatte ihr dieser Gründungscoach damals erzählt. Der hatte sie auch für ihre To-do-Listen gelobt. „Immer eins nach dem anderen, bis nichts mehr auf der Liste steht. Das ist das Geheimnis", hatte er gesagt. Also los! Aber heute vielleicht besser von zu Hause aus, denkt Hanna. Immerhin muss sie als Chefin keinen um Erlaubnis fragen. Eine WhatsApp an ihren Kollegen Tobi reicht: Tagesmutter krank, bin im Homeoffice, LG Hanna. Sie legt das Handy zur Seite und beginnt, den Frühstückstisch zu decken, was im Grunde so aussieht wie bei jedem anderen Menschen, der Dinge auf einen Tisch stellt, nur dass Hanna dabei ihren Sohn hinter sich herzieht, der wieder ihr rechtes Bein umklammert, als wäre es der rettende Ast in einer reißenden Flut.

Während des gemeinsamen Frühstücks schreibt Hanna ihre ersten Mails des Tages. Soll bloß keiner denken, sie würde nicht arbeiten, nur weil sie im Homeoffice ist. Wenn man es als Chefin nicht richtig vorlebt, dann klappt es bei den Mitarbeitern auch nicht, glaubt sie. Nach der dritten E-Mail betrachtet Hanna das Stillleben, das sie und Emil erschaffen haben. Der Inhalt der Kaffeetasse tropft durch die Tischritze auf den Boden, der Frischkäse klebt größtenteils auf Emils T-Shirt, die Banane klebt im Grunde überall. Und von dem, was auf dem Fußboden liegt, könnte, wie ihre Mutter vermutlich bemerken würde, eine Großfamilie satt werden. Sie bückt sich, um zumindest das Gröbste zu beseitigen, bevor sich die Bananenmatsche nur noch mit einem Spachtel entfernen lassen würde. Emil nutzt die Gelegenheit und zieht ihr mit seinen Bananen-Frischkäse-Fingern an den Haaren. Hanna atmet ein und atmet aus und streicht sich die Haare aus dem Gesicht. Sie wollte sich ja ohnehin noch die Haare waschen.

8 Uhr: Irgendwie müsste hier jetzt mal Ruhe reinkommen, denkt Hanna. Den Tag mal ins Laufen bringen. Und vor allen Dingen müsste man dieses Auge mal irgendwie in den Griff bekommen, das inzwischen begonnen hat zu tränen. Sie schnappt sich Emil und parkt ihn vor dem CD-Schrank im Wohnzimmer, dessen einzige Existenzgrundlage es ist, dass Emil den Inhalt zerlegen kann. Das läuft eigentlich immer. Ausräumen, auseinandernehmen, zerstören – ein Klassiker, der ihr fünf Minuten Zeit zum Anziehen verschafft. Und vielleicht sogar zum Haarewaschen? Neue Unterwäsche, Socken, Strumpfhose, Rock. Als sie gerade beim Pullover ankommt, erscheint ihr plötzlich alles einen Tick zu ruhig in der Wohnung. Das Geräusch auseinanderbrechender Plastikhüllen fehlt. Hanna schaut um die Ecke ins Wohnzimmer und sieht, wie Emil mit den Händen in der Asche des Kamins wühlt. Wie verdammt noch mal hat er die Klappe aufbekommen? Hanna schnappt ihn, trägt ihn ins Badezimmer und befreit seine Hände vom Ruß. Soweit sie sehen kann, haben die Wände nichts abbekommen, der Boden dafür umso mehr. Hinter der Klappe des Kamins findet sie die vollgerußte Fernbedienung und sein ebenfalls vollgerußtes Trinkfläschchen. Sie nimmt beides raus, verlässt mit Emil auf dem Arm das Wohnzimmer und schließt die Tür zu. 8.30 Uhr: Zimmer zwei zeitweilig unbetretbar.

Jetzt erst mal irgendetwas machen, was die Laune hebt, denkt Hanna. Also Emils Laune zumindest. Sie schaltet ein Kindervideo auf dem iPad an. Hinter jedem erfolgreichen Mann steht eine starke Frau. Hinter jeder erfolgreichen Frau die Dauerschleifenfunktion bei YouTube. Hanna erledigt zwei Anrufe und findet einen Augenarzt in der Nähe mit offener Sprechstunde. Läuft doch!

Peter hat immer gesagt, in der Ruhe liegt die Kraft. Dass ausgerechnet er als Künstler immer mit Postkartensprüchen um die Ecke gekommen ist, fand sie im Grunde enttäuschend. Was sollte denn das heißen, in der Ruhe liegt die Kraft? Also, wenn man sich zum Beispiel auf den letzten Metern eines Projektes befindet und alle Fäden zusammenlaufen müssen, muss es zwangsläufig mal zackig gehen. Da kann man echt alles gebrauchen, aber keine Ruhe. Jedenfalls nicht die Art von Ruhe, die Peter meinte mit seinem: noch einen Tee kochen und noch einen und noch eine rauchen und so. Konzentration braucht man und ein bisschen Anspannung vielleicht auch, um dann zu spüren, wie im Kopf alles immer schneller zusammenläuft und das Gehirn seiner eigentlichen Bestimmung nachkommt. Ein herrliches Gefühl.

11 Uhr: Hanna sitzt im Auto, es schüttet, ihre Haare sind nass, der Scheibenwischer wedelt auf höchster Stufe. Emil brüllt hinter ihr im Kindersitz. Sie betrachtet im Rückspiegel das Pflaster, das der Arzt eben über ihr Auge geklebt hat. Dazu gab es ein Schmerzmittel und eine Salbe. Leichte Hornhautabschürfung, die in zwei, drei Tagen wieder abklingen dürfte.

Sie startet den Motor und fährt los. Darf man das eigentlich? Mit nur einem Auge fahren? Nach zwei Beinahekollisionen auf 1000 Metern kennt sie die Antwort, auch ohne sie nachzuschlagen: Man darf das natürlich nicht! Zu Hause legt sie Emil zum Mittagsschlaf hin. Sie widersteht dem Impuls, sich dazuzulegen, macht sich lieber einen Kaffee und checkt die To-do-Liste. Der Augenarzt hat alles durcheinandergebracht. Mit dem Mitarbeitergespräch hängt sie jetzt auch hinterher. Also schnell Tobi schreiben, dass es später wird. Und

Mails beantworten. 23 ungelesene sind es bereits. Es nützt ja nichts. Einfach eine nach der anderen abarbeiten. Eine nach der anderen, bis alle gelesen und gegebenenfalls beantwortet sind. Bei E-Mail Nummer acht wacht Emil auf. Was hat der Coach noch gleich für diesen Fall gesagt? Genau: Gar nichts hat er gesagt.

Emil startet mit bewährt stabil schlechter Laune in die zweite Tageshälfte, was sich Hanna im Grunde nicht erklären kann. Obwohl: vielleicht Hunger? Und dann spürt sie auch in ihrem Bauch ein leichtes Grummeln. Und da sich der Tag nicht anschickt, irgendein stinknormaler Dienstag zu werden, würde sie etwas Nahrung im Bauch gut brauchen können. Blöd nur, dass sie absolut nichts zu Hause hat. Also kurz in den Supermarkt um die Ecke und irgendwas besorgen, was sie beide gerne essen. Also wie so oft: Nudeln mit Tomatensauce. An der Supermarktkasse stehen noch vier andere vor ihr. Und Emil quengelt. Warum gibt es in größeren Supermärkten wie diesem und dann auch noch in einem Viertel wie diesem, in dem jede zweite Frau entweder schwanger ist oder einen Kinderwagen dabeihat, keine Mama-Speedkassen? Das wäre doch im Sinne aller. Die Mütter könnten dann schnell durch mit ihrem quakenden Nachwuchs, und an der Klönschlange könnten sich die älteren Damen dann ganz in Ruhe unterhalten.

Die ältere Dame vor ihnen hat Emil nun offensichtlich entdeckt und versucht, ihn aufzuheitern, indem sie vermeintlich lustige Grimassen zieht, was die Sache jedoch nur noch schlimmer macht. Emil brüllt jetzt richtig los. „Was hat er denn?", fragt die Dame und schaut Hanna an. Hanna schließt die Augen und summt eine Melodie, wobei sie sich fragt, ob sie sie wirklich summt oder sie nur in ihrem Kopf hört. „Ja, was hat er denn?", fragt die Dame noch mal und zeigt jetzt auch noch auf ihn, als gebe es irgendeinen Zweifel daran, um wen es gehen könnte. Hanna überlegt einen Moment und entschließt sich dann, einfach weil ihr keine andere Begründung einfallen will, für die Wahrheit und sagt: „Ich weiß es nicht."

Eine Antwort, die die Dame offensichtlich nur so halb zufriedenstellt. „Vielleicht ist es zu kalt draußen für ihn mit dem Jäckchen?", mutmaßt sie. Hanna zwingt sich dazu, ruhig zu atmen, und sagt dann, dass das sicher möglich sei, dass sie ja aber gerade drinnen seien und deshalb würde sie ausschließen, dass ihm zu kalt sei. „Sicher hat er schlecht geschlafen", sagt die Dame dann.

Hanna überlegt: „Nein, um ehrlich zu sein, hat er wirklich bestens geschlafen." Die Dame beginnt nun, ihre drei Möhren, zwei Äpfel und eine Packung Kondensmilch auf das Band zu legen, als ihr offensichtlich noch was einfällt: „Wenn es die Zähne sind, da haben bei uns früher immer Veilchenwurzeln geholfen." Hanna überlegt, ob sie mit ihrer Handykamera mal in Emils Mund leuchten sollte, um zu beweisen, dass da nichts anderes ist als eine Zahnfleischwüste, dass auch sie erst nach ihrem ersten Geburtstag den ersten Zahn bekommen hat und dass Emil auch deswegen nichts im Mund hat, mit dem er auf einer Veilchenwurzel herumkauen könnte.

Jetzt reicht es ihr. „Vermutlich ist es wieder dieser ansteckende Brechdurchfall, den er neulich schon mal hatte", sagt sie und streicht ihm über seinen Bauch. „Wirklich hoch ansteckend und wirklich gar nicht schön. Ich glaub, jetzt rieche ich es auch", sagt Hanna.

Eine Antwort, die die Dame zwar auch nicht zufriedenstellt, aber immerhin ist das Gespräch damit ganz offensichtlich beendet. Sie dreht sich abrupt weg und hält sich die Hand vor den Mund.

Hannas Blick fällt auf den Zeitschriftenaufsteller mit einem dieser unzähligen Wohlfühlmagazine. „Raus aus dem Chaos", steht da. „Mit diesen Tricks schaffen Sie das locker." Was sollen denn das für Tricks sein: ein Mann, der einen nicht sitzen lässt, ein Kind, das nicht quengelt, und ein überbezahlter Halbtagsjob? „Macht 4,80 Euro", sagt die Kassiererin.

„Junge Dame?", fragt die Kassiererin. Hanna kramt in der Tasche, bezahlt und nimmt die Ware vom Band. Erst jetzt bemerkt sie die Kassiererin, die etwas ratlos auf einen Schnuller in ihrer Hand schaut. Habe ich gerade mit einem Schnuller bezahlt? Ich habe mit einem Schnuller bezahlt ... Ich habe mit einem Schnuller bezahlt!

Hanna tauscht den Schnuller wortlos gegen einen Fünf-Euro-Schein, verlässt den Supermarkt und beschließt, mal für ein paar Tage lieber woanders einkaufen zu gehen.

Wieder zu Hause hat Emil erstaunlicherweise gute Laune und verputzt die Nudeln mit großer Freude. Mit den Händen natürlich. Hanna räumt auf, befreit das Trinkfläschchen vom Ruß und legt es mit den anderen von den Vortagen in einen Topf zum Abkochen. Das wollte sie eh schon seit Tagen machen. Stand auch schon mal auf der To-do-Liste, war dann aber irgendwie wieder verschwunden. Zwischendurch beobachtet sie Emil, wie er hoch konzentriert die Nudeln greift und zumindest zum Teil in Richtung Mund befördert.

Peter wollte immer Kinder. Das hat er zumindest gesagt. Und Hanna glaubt im Grunde immer noch, dass er es auch so gemeint hat. Aber vielleicht war es eher auf einer künstlerischen Ebene, ein Gedankengebilde, das irgendwie in Büchern stattfindet und in Traumbildern. Er sagte zum Beispiel immer so Sachen wie, dass er Lust hätte, sich mit seinem Kind mal an die Staffelei zu stellen und sich richtig auszutoben. Oder zusammen zu trommeln (das hatte er gerade gelernt) und Vater-Sohn-Ausflüge zu machen oder einfach mal zu einer schönen Ausstellung zu gehen. Von welchem Alter er sprechen würde, hat Hanna gefragt. Sie sagte, sie hätte zwar genauso wenig Ahnung wie er, glaubte aber, dass es bis zur ersten gemeinsamen Ausstellung – also jedenfalls bei dem, was er unter Ausstellung und unter gemeinsam versteht – noch ungefähr zehn Jahre dauern würde. Peter lachte. Das wisse er doch. Dann sagte er, dass er dann halt mit ihm Bilder mit Wachsmalstiften malen würde, und dann sagte Hanna, dass sie zwar wenig Ahnung hätte, aber dass das schätzungsweise in drei Jahren dran sei. Peter lachte wieder, aber dieses Mal schon weniger als beim ersten Mal. Insgesamt würden die ersten Jahre, soweit sie das verstanden hätte, eher wenig mit Kunst zu tun haben, sagte Hanna – nur zur Sicherheit, damit er es mal gehört und sie es mal gesagt hat.

In den ersten Wochen der Schwangerschaft war Peter noch voll dabei. Das erste Ultraschallbild – also ein Punkt mit Wabbel drum rum – zeichnete er nach, rahmte es ein und hängte es in den Flur. Mit diesem Punkt konnte Peter jedenfalls eine Menge anfangen. Vielleicht, weil das irgendwie in Richtung abstrakte Kunst ging. Je realistischer die Bilder wurden, desto weiter entfernte sich Peter dann. Am Ende zeigte Hanna ihm die Bilder nicht mehr, auch weil sie zeigten, dass Emil wie er aussehen würde.

14 Uhr: Die Telefonkonferenz mit den Leuten vom Charity-Lauf hätte besser laufen müssen. Viel besser. Eigentlich, so hatte sie zumindest gedacht, sei bereits alles geklärt gewesen

und die Pressemitteilung könne raus. Aber offenbar hatte sie die Zeiten durcheinandergebracht und bei den Namen der Geschäftsführer waren leider zwei Tippfehler drin. Aber vor allen Dingen hatte sie vergessen, die Frage zu klären, ob der Caterer auch veganes Essen anbieten würde. Natürlich hat sie sich entschuldigt und dem Kunden irgendwas von einer falschen Fassung erzählt, die sie wohl versehentlich verschickt habe.

Aber da es in Wahrheit eben keine andere Fassung gibt, muss Hanna jetzt ganz schnell noch mal ran, neu formulieren, Fehler ausbessern, den Caterer anrufen. Sie versucht zu ignorieren, dass ihr Emil dabei wieder am rechten Bein hängt und ihre Aufmerksamkeit einfordert. Aber dann stellt er sich auf die Zehenspitzen, greift nach der Tastatur und reißt sie vom Schreibtisch. „Emil!", schreit Hanna und sie erschrickt vor sich selbst, wie laut sie schreien kann. Emil weint. Dann klingelt ihr Handy. Tobi ist dran. Mist, der wollte ja auch noch was. Aber was? Sie drückt ihn weg. Sie muss sich jetzt sammeln, sich konzentrieren, ein Video für Emil anmachen, einen Schluck Wasser trinken. Wasser ist ganz wichtig. Sie trinkt viel zu wenig. Sie sollte Wasser auf ihrer To-do-Liste als festen Tagesordnungspunkt notieren. Und jetzt: weitermachen. Eins nach dem anderen. Das ist auch ganz wichtig. Immer eins nach dem anderen. Schritt für Schritt.

Zwei Minuten später sitzt sie wieder vor dem Bildschirm und ruft Tobi zurück. „Hey Tobi", sagt Hanna. „Sorry, dass es später geworden ist. Wie kann ich helfen? Geht's um die Kampagne für die Insektenriegel? Mit den Jungs hab ich eh gleich noch eine Telefonkonferenz." Tobi räuspert sich. „Nee, Hanna, darum geht's nicht. Bei mir hat sich ja einiges getan, wie du weißt, und ich bin auch nicht mehr 23, die Lebensumstände …"

Emil kommt angelaufen und hält ihr das Tablet entgegen, auf dem er das Video schauen sollte. Das Display ist schwarz. Der Akku ist alle. „Wenn es dir jedoch gerade ungelegen ist …", sagt Tobi. „Nein, nein, alles gut", sagt Hanna, nimmt Emil auf den Schoß und stopft ihm einen Butterkeks in den Mund. „Tobi, ich kann das gut verstehen. Es ist klar, dass du mehr Verantwortung möchtest, und ich habe da jetzt gründlich drüber nachgedacht und …"

„Nee, Hanna, ich möchte nicht mehr Verantwortung, sondern eher weniger. Ich möchte vor allen Dingen mehr Zeit haben, weil ich in einem halben Jahr Papa werde …"

„Wow!", sagt Hanna, bloß um irgendwas zu sagen. Mehr Zeit, halbes Jahr, Papa werden. Hanna stopft sich jetzt auch einen Butterkeks in den Mund. „Mensch, das ist ja echt super", sagt Hanna und wartet einen Moment zu lange. „Und herzlichen Glückwunsch natürlich."

„Du bist nicht enttäuscht?", fragt Tobi.

„Wieso sollte ich?", fragt Hanna.

„Weil ich nicht so tough bin wie du, die gleich wieder ganztags anfängt, und das, obwohl du das alles allein wuppen musst." Hanna spürt, dass sich offensichtlich frischer Windelinhalt über den hinteren Windelbund seinen Weg bahnt und auf ihren Rock suppt. „Ach weißt du, Tobi: Das muss doch jeder selber wissen", sagt Hanna. „Ich glaube ja, dass es alles einfach eine Frage der Organisa…". In diesem Moment fängt es sehr laut an zu piepen.

Sehr, sehr laut. Der Feuermelder! Die Fläschchen! Scheiße! Eins nach dem anderen, denkt Hanna. Eins nach dem andern. Aber was zuerst? Der Deckel auf dem Topf vibriert bedrohlich, der Rauchmelder piept weiter, Emil brüllt und Tobi ruft immerzu: „Hanna, alles okay? Hanna?" Hanna entscheidet sich intuitiv dafür, das Unwichtigste zuerst zu machen, also Tobi wegzuschalten, dann das Zweitunwichtigste: den Rauchmelder mit einem Besenstil ausschalten.

Dann zum Topf. Durch den Glasdeckel kann sie sehen, dass kein Wasser mehr drin ist und die Plastikfläschchen zu einem großen Klumpen verschmolzen sind. Mit einem Topflappen und lang ausgestrecktem Arm schiebt sie den Topf von der Herdplatte.

Wie kann es sein, dass sie das verbrannte Plastik und den Gummi vorher nicht gerochen hat? Ist das eigentlich giftig? Das muss giftig sein. Emil gibt keinen Ton mehr von sich, so erschrocken ist er. Hanna nimmt ihn auf den Arm, zieht ihm und sich irgendetwas an, was gegen zehn Grad und Nieselregen schützt, öffnet alle Fenster und verlässt das Haus.

15 Uhr: Hanna schiebt den Kinderwagen durch die Straßen und sieht, wie sich die Rollen durch den ersten Schneeregenmatsch dieses Novembers mühen. Überall auf den Straßen sind Leute unterwegs. Die Agentur liegt von hier aus etwa 15 Minuten entfernt. Sie überlegt kurz, dort vorbeizulaufen, lässt es aber. Als Emil so langsam wegdämmert, bleibt sie vor einem Schaufenster stehen und betrachtet sich in der Scheibe. Augenklappe, Bananenreste im Haar, Ruß auf der Wange. Und dann weiß sie, was zu tun ist.

Eine Ecke weiter setzt sie sich auf eine Bank und macht ein Selfie. Zu grimmig. Noch eins. Zu aufgesetzt. Auf dem dritten sieht sie so aus, wie sie sich fühlt. Ein bisschen wie ein angeschossenes Reh, aber noch handlungsfähig!

Dann schickt sie das Bild an Tobi und schreibt in ein paar Sätzen, wie es um den Dienstag steht und wieso sie so aussieht, wie sie aussieht, und dass es unter dem Mantel noch schlimmer ist. Dass es in ihrer Wohnung nach verbranntem Plastik stinkt, der Segelclub, zu dem sie dringend hätte fahren müssen, bald schließen würde und dass sie sich jetzt irgendwas überlegen müsse und sich später wieder melden würde.

Die Antwort kommt nach wenigen Minuten in Form eines Bildes. Darauf sind Tobi und die anderen Kollegen zu sehen, die sich jeweils ein Auge mit Toilettenpapier zugeklebt und mit irgendwelchen schwarzen Stiften die Wangen bemalt haben! Und dann noch ein Satz: „Wir sind ein Team, Hanna! Und wir schaffen das schon. Gruß an den kleinen Piraten."

Und dann rinnt plötzlich eine Träne aus Hannas Nicht-Piratenauge. Keine von denen, der noch weitere folgen, sondern nur eine kleine, die sich durchgeschummelt hat von tief drinnen und nicht anders konnte, als schnell und heimlich die Wange runterzukullern.

Dann schiebt Hanna mit dem Kinderwagen in die nächste Drogerie, kauft Klebstoff, eine Grußkarte mit irgendeinem Segelmotiv drauf, was in Hamburg zum Glück nicht ganz so schwierig zu bekommen ist, und eine Flasche Sekt.

Und viel später am Abend, als die Wohnung wieder aussieht, als wäre nichts gewesen, das Kind im Bett und sie geduscht ist, sitzt sie am Esszimmertisch und begutachtet ihr Werk: Aus einem Eierpappkarton hat sie ein lustiges Gefährt gebastelt, was vielleicht nicht ganz genau aussieht wie ein Segelboot und vielleicht auch krumm und schief ist. Aber dem einen oder anderen Sturm auf hoher See würde es sicher standhalten. Die Segel hat Emil eigenständig bunt bemalt und ihre Augenklappe dient als Piratenflagge.

Und dann öffnet Hanna die Flasche Sekt und denkt, dass es in diesem Haushalt doch noch jemanden gibt, der Kunst macht. Und was für eine! Alltagskunst, Improvisationstheater und Akrobatik mit 20 Bällen, Keulen und Windeln gleichzeitig. Sie überlegt kurz, ob sie das Peter vielleicht mal schreiben sollte, lässt es dann aber und beginnt stattdessen, alle Nachrichten von ihm zu löschen. Immer schön eine nach der anderen. Bis keine mehr da ist.

Dezember. Aramsamsam

Erst hatte sie an „Flohzirkus" gedacht, dann an „Zwergenaufstand", aber am Ende hat sich Kaja als Motto für „Weltentdecker" entschieden. Und damit ist sie jetzt auch sehr zufrieden. Sie nimmt eine Einladungskarte in die Hand:

Lara hat Geburtstag
Und deshalb laden wir Euch zur großen Weltentdecker-Party ein.
Und zwar am 18. Dezember um 15 Uhr bei uns zu Hause.
Es gibt viele leckere Sachen zu essen und zu trinken
und natürlich: gaaaaaanz viel zu entdecken!
Lara, Mama und Papa

Bis dahin sind es zwar noch gut drei Wochen, aber wenn es nach Kaja geht, könnte die Party auch schon nächste Woche steigen. Ach was, am liebsten gleich morgen. Ein Gefühl, wie früher beim Warten auf Weihnachten, nur ohne Adventskalendertürchen, die einem die Zeit bis dahin versüßen. Dass sie sich als erwachsene Frau jemals nach so etwas wie einem Geburtstag sehnen würde, das hätte sie vor nicht allzu langer Zeit noch für unmöglich gehalten. Aber das gilt im Grunde auch für alles andere, was im vergangenen Jahr geschah.

Kaja schmunzelt. Das würde ein Fest werden! Bei dem Programm, das sie ausgearbeitet hat, konnte jedenfalls nichts mehr schiefgehen. Als Unterhaltung für die kleinen Geburtstagsgäste hat Kaja erst mal ein Bällebad besorgt. Ein Klassiker! Außerdem einen Gitarrenspieler gebucht, der ein paar Kinderlieder singen würde. Aber natürlich nur ein paar wenige, um die Kleinen nicht zu überfordern.

Bei den Liedern hatte sie dem Musiker freie Wahl gelassen. Also fast freie Wahl zumindest. Es sollten jedenfalls nicht mehr als drei Lieder sein und „Wie schön, dass du geboren bist" und „Happy Birthday" sollten auf jeden Fall dabei sein. Und vielleicht auch noch dieses „Pitsch Patsch Pinguin"? Auf gar keinen Fall aber dieses „Aramsamsam, gulli, gulli, gulli, gulli, gulli ramsamsam", einfach, weil sie findet, dass ganze Sätze noch keinem Kinderlied geschadet haben.

Aber Bällebad und Musik waren natürlich noch nicht alles. Kaja hatte auch noch ein paar von diesen transparenten Jongliertüchern besorgt (für lustige Kuckuck-Spiele) und ein paar Bobbycars hatte sie auch noch aufgetrieben. Wenn sie etwas kann, dann Sachen organisieren und auftreiben. Je komplizierter, desto besser. Zehn Bobbycars organisiert Kaja jedenfalls, während sie sich die Zähne putzt. Neulich hat sie für das Event-Unternehmen, für das sie seit knapp zehn Jahren arbeitet, zum Beispiel eine Veranstaltung für einen Scheich organisiert. Der war nach dem Event in der Nähe von Hamburg so beeindruckt von der norddeutschen Fauna, dass er „ein bisschen" was davon mit in seine Heimat nehmen wollte, was konkret hieß: Er wünschte sich eine Kuhherde, was er Kaja über seinen Dolmetscher rund 48 Stunden vor seinem Abflug mitteilen ließ. Und Kaja reagierte, wie sie immer reagiert, wenn sie sich vor eine Herausforderung gestellt sieht. Sie klatschte in die Hände und rief: „Auf geht's!"

Und während ihre Kollegen erst mal drei Stunden damit verbrachten, zu hinterfragen, was es mit dieser Kuhherde auf sich hatte, saß Kaja schon mit Gummistiefeln im Auto Richtung Mecklenburg-Vorpommern. Und 48 Stunden später war die Kuhherde auf dem Weg nach Saudi-Arabien – wobei sie ganz froh war, dass der Scheich nicht wusste, wie groß so eine Herde in Wirklichkeit ist.

Dagegen war das hier doch alles ein Kindergeburtstag – im wahrsten Sinne des Wortes. Auch die Dekofrage war geklärt: XXL-Geburtstagskerze, ein Zehnerpack Luftschlangen, fünf Tüten Konfetti, drei Girlanden, 20 Pappkrönchen und genauso viele Tröten sowie eine große Luftballon-Eins. So eine, wie sie alle haben. Zumindest hier in Eimsbüttel, was vor allen Dingen wohl daran liegt, dass es um die Ecke einen Laden mit einer genialen Geschäftsidee gibt: Er verkauft Luftballons (Einkaufspreis: nahezu nichts), die er mit Gas (Einkaufspreis: nahezu gar nichts) befüllt und dann nichts plus nichts für rund 15 Euro verkauft. Eine Gewinnmarge, bei der vermutlich nur Flammkuchen-Restaurants mithalten können.

Für die Verpflegung hatte sie geplant, eine kleine „Baby-Bar" aufzubauen. „Baby-Bar" – also Fingerfood und Selbstbedienung auf einem kleinen Podest – eine geniale Idee, findet Kaja. Nur schade, dass ihr das erst eingefallen ist, als die Einladungskarten schon gedruckt waren. Das hätte sicher schon für einen Lacher gesorgt.

Genial war die Idee, weil die Erwachsenen dann auch mal die Chance haben, sich in Ruhe zu unterhalten, während der Nachwuchs an der Baby-Bar „versackt". Und genial auch, weil man schließlich bei jeder Party den kleinsten gemeinsamen

Nenner finden muss, um darauf das Programm aufzubauen. Und der kleinste gemeinsame Nenner bei Einjährigen war einfach zu finden: Essen.

Und natürlich würde es auch Goodybags geben. Eine Party ohne Goodybag hatte es bei Kaja jedenfalls noch nie gegeben und damit würde sie jetzt auch nicht anfangen. Und was reinkommt, steht auch schon fest: ein Schnuller, eine Rassel, ein „Quetschi" und für die Mamas je nach Stillstatus einen alkoholischen oder alkoholfreien Piccolo. Und jetzt der Clou: ein Kompass, wo statt einem N (für Norden) ein M (für Mama) steht.

Mit dem guten Gefühl, dass es eigentlich nichts mehr zu tun gibt, außer es zu tun, steht Kaja nun im Türrahmen der Abstellkammer, wo sie erst mal alles untergestellt hat. Rund 150 Euro hat sie für diesen Berg ausgegeben, auf dem die aufgeblasene Eins thront. Die Geschenke, die sie noch für Lara besorgt hat, kommen natürlich noch on top. Übertrieben? Ja, vielleicht. Aber Events zu organisieren, ist eben Kajas Job, und da ist es ja wohl klar, dass sie mehr auf die Beine stellt, als einen Kuchen mit bunten Streuseln zu backen.

Außerdem wissen ihre Gäste ja auch, dass es nicht einfach irgendein Geburtstag ist, sondern der erste Geburtstag. Und dazu auch nicht einfach irgendein erster Geburtstag, sondern schlicht und einfach ein Wunder.

Kaja hatte jedenfalls nicht mehr damit gerechnet, dass das mit der eigenen Familie noch was werden würde. Sie war schließlich schon längst gewissermaßen in der Nachspielzeit angekommen und rechnete jede Sekunde mit dem Abpfiff. Und dann: schwanger mit 43!

Das langersehnte Happy End. Die Jahre, die hinter ihr lagen, hatten es schließlich in sich gehabt. Zwar ging es beruflich steil bergauf, dafür aber privat mindestens genau so steil bergab. Zumindest bis Ende 30. Danach fühlte es sich eher an wie freier Fall.

Und so war sie oft genug dankbar gewesen über späte Abendtermine, besonders am Wochenende. Wenn sie abgelenkt war, hörte die Einsamkeit zumindest für eine Weile auf, sich in ihre Gedanken zu fressen und sie immer um die immer selbe Frage kreisen zu lassen: Wieso klappt es bei allen anderen, nur bei mir nicht?

Und so stieg sie in einer der größten deutschen Eventagenturen immer weiter auf. Und sie musste sich dafür noch nicht mal besonders anstrengen. Sie musste einfach nur sie selbst sein, was meistens hieß, dass sich ihre Gedanken einfach den direkten Weg aus ihrem Mund bahnten und dabei klangen, als würden sie aus tiefstem Herzen kommen. Und so gelang es ihr, Menschen von ihren Ideen zu überzeugen und jeden Zweifel ins Positive zu wenden, ohne dabei zu wirken wie ein schmieriger Autoverkäufer. In der Agentur galt sie jedenfalls schnell als „Wunderwaffe", weil sie einen Großauftrag nach dem nächsten an Land zog (ihre Kollegen lästerten: an Land quatschen würde es besser treffen). Und im Organigramm war sie irgendwann auf einer Ebene angekommen, auf der waagerecht links und rechts neben ihr nicht mehr viel los war.

„Du sprühst auf eine Art vor Energie, die einige hier schon fast als Provokation verstehen", hat ihr Chef mal zu ihr gesagt. Und Kaja war sich nicht ganz sicher, ob sie das als Lob oder Kritik verstehen sollte. Aber sie hatte auch wirklich andere Sorgen.

Denn all ihre Versuche, sich ein Leben mit Mann und Kind aufzubauen, scheiterten. Mal lag es an ihr, mal an ihm, mal am

Zeitfenster, mal an zu viel Alkohol, mal an zu wenig, mal am Familienstatus, mal am Gleich- und mal am Unterschiedlichsein, manchmal war es auch die Art ständig zu gähnen oder beim Sprechen immerzu „halt" zu sagen. Und bei ihr selbst, da war sie ganz sicher, war es einfach diese leicht hilfesuchende Aura, die alle ab 30 umgab, die bei ihrem Beziehungsstatus bei Facebook „es ist kompliziert" eingeben, weil das witzig klingen und vor allen Dingen von der Wahrheit ablenken soll, die da lautet: „Kompliziert" ist gelogen! In Wirklichkeit habe ich seit Ewigkeiten niemanden kennengelernt, und, ja, auf die Idee, einen Single-Kochkurs zu machen, bin ich auch schon gekommen!

Die Bilanz mit 38: ein verheirateter Rechtsanwalt, der vorgab, in Trennung zu leben, ein verheirateter Bauingenieur, der vorgab, in Trennung zu leben, und ein unverheirateter Gastronom, der auf die Frage, wie alt denn das Kind sei, das er in seinem Dating-Profil angegeben hatte, sagte: „Der Geburtstermin ist erst in zwei Monaten."

Mit 40 war sie zu einem unausstehlichen Nervenbündel mutiert, mit 43 war sie ein Wrack.

In genau diesem Zustand lernte sie Martin in ihrem Fitnessstudio kennen. Freitagabend, Spinning-Kurs. Jeder, der etwas Besseres vorhatte, wäre nicht hier. Jedenfalls radelten sie weitestgehend alleine ins Nichts und kamen dann irgendwann ins Gespräch, das sie nach dem Kurs an der Club-Bar fortsetzten.

Und das wollte schon was heißen. Jedenfalls war Kaja mittlerweile so argwöhnisch geworden, dass sie normalerweise nicht einfach so mit irgendjemandem geplaudert hätte, der ihr mutmaßlich nur wertvolle Zeit stehlen würde. Und schon gar nicht mit jemandem, der sicher zehn Jahre jünger war als sie.

Nach der zweiten Weißweinschorle redete sich Kaja ein, dass es vielleicht auch nur fünf Jahre sein könnten. Jedenfalls gefiel ihr, dass Martin in etwa genauso viel redete wie sie, was dazu führte, dass sie endlich auch mal dazukam, zuzuhören. Und so erfuhr sie zum Beispiel, dass Martin schon seit vielen Jahren als Autor für einen Reisebuchverlag auf der ganzen Welt unterwegs war.

Vor ihrem inneren Auge sah sie sich schon neben ihm die Welt entdecken. Flusskreuzfahrt auf dem Amazonas, in einer Jurte bei den Mongolen und in den Berberhöhlen des Atlasgebirges. Aber dann fiel ihr plötzlich ein, dass diese ganze Reiserei nach vielem klang, aber nicht nach Kinderkriegen.

Und als gegen 23 Uhr plötzlich das grelle Licht an der Bar angemacht wurde, damit auch die letzten Gäste, also sie, merken würden, dass hier nun Schluss sei, war sie sich auch ziemlich sicher, dass es doch zehn Jahre Altersunterschied waren. Mindestens.

Deshalb machte sie kurzen Prozess und sagte bei der Verabschiedung: „Lieber Martin, ich will ein Kind haben, und zwar sehr bald, und wenn das nichts für dich ist, dann melde dich bitte nicht mehr bei mir. Denn dafür hab ich dann leider keine Zeit."

Acht Wochen später zog Martin bei ihr ein. Zehn Wochen später war sie schwanger. Und die meiste Zeit der neun Monate, die rechnerisch eigentlich zehn waren, verbrachte sie damit, entweder perplex oder gerührt zu sein. Und im Grunde hatte sie bis zu dem Moment, wo Lara da war, auch Restzweifel daran, dass das wirklich ein Baby in ihrem Bauch sein würde und nicht vielleicht doch nur eine Melone oder ein Fußball. Konnte es wirklich sein, dass das einfach so noch klappte?

Und jetzt, in diesen trüben Dezembertagen, wo sich die Ereignisse jähren, sind die Erinnerungen wieder ganz nah. An die frühen Morgenstunden des 18. Dezembers, als Lara geboren wurde. An den Moment, der alles auf null setzte und der Kaja in ein neues Leben schubste. Jedenfalls war es selbst für eine Eventmanagerin wie sie das spektakulärste Ereignis, das sie je erlebt hat, was wohl auch daran lag, dass ihr, wie jeder anderen Frau auch, ziemlich exakt die Zeit einer halben Millisekunde eingeräumt wurde, um sich auf das neue Leben einzustellen. Und daran, dass es ein sehr spezielles Ultimatum war, da es völlig egal war, ob man es erfüllte oder nicht. Das neue Leben würde ja ohnehin ab Sekunde eins über einen hinwegwalzen. Und dann würde einfach auf einen Tag eine Nacht folgen und dann wieder ein Tag und so weiter, und irgendwann, so ist es jedenfalls überliefert, sind die Kinder plötzlich 18 und wollen ausziehen.

Jetzt aber geht es erst mal um den ersten Geburtstag. Dass Kaja die Organisation in die Hand genommen hat, ist selbstverständlich. Zum einen versteht sie mehr davon, zum anderen ist Martin ja auch mal wieder im Ausland. Dieses Mal drei Wochen Costa Rica, erst einen Tag vor Laras Geburtstag würde er wiederkommen.

Kurz vor seiner Abreise hat sie ihn noch gefragt, ob er irgendwelche bestimmten Vorstellungen für die Party hätte. „Das überlasse ich ganz dir", hat er gesagt. Erst fand Kaja, dass etwas mehr Interesse auch schön gewesen wäre. Aber auf der anderen Seite wusste sie auch: Sie hätte sich eh nicht dreinreden lassen.

Und nun steht Kaja vor dem Dekoberg und würde am liebsten alles sofort aus den Verpackungen holen und die Wohnung schmücken. Immerhin: Die drei Wochen Wartezeit bis zum großen Tag würden gut gefüllt sein. Gleich drei erste Geburtstage stehen an.

Und sobald Lara gleich aus dem Mittagsschlaf aufwacht, würden sie sich auf den Weg zur ersten Party machen.

Party 1: Jonas

Das richtige Haus hätte Kaja auch gefunden, ohne die genaue Adresse zu kennen. Die Schlange der geparkten Kinderwagen reicht schließlich bis auf den Fußweg. Gibt's jetzt auch schon Facebook-Partys für Babys?

Sowohl Haus- als auch Wohnungstür sind nur angelehnt, sodass Kaja gleich durchgehen kann. Der Wohnungsflur ist als solcher nicht mehr zu erkennen. Kniehoch stapeln sich Walkoveralls, Mützchen, Schals, Inlays von Babywagen und Wickeltaschen. Vom Flur aus folgt sie den angematschten Hirsekringelresten ins Wohnzimmer und fühlt sich dabei ein bisschen wie bei Hänsel und Gretel. Im Wohnzimmer sitzen, wenn sie es richtig überblickt, zwölf Mütter und jede Menge Babys, vermutlich exakt genauso viele.

„Hallo", will Kaja gerade in die Runde rufen, als sie im selben Moment auf irgendwas Spitzes tritt und aus „Hallo" dann doch ein „Aua" wird. Nur Mütter wissen, dass es angenehmer ist, in Brennnesseln zu treten als auf Duplosteine.

Aber ihr Auftritt sorgt schon mal für den ersten Lacher. Alles für den guten Zweck. Kaja weiß nicht recht, auf wen oder besser gesagt, auf welche Brustansätze sie zuerst schauen soll. Die Hälfte der Mütter stillt jedenfalls gerade. Drei andere wickeln, zwei halten ihre Kinder davon ab, sich gegenseitig die Augen auszupiken, und Gastgeberin Vanessa rennt hin und her und holt immerzu irgendwas. Vanessa ist wahrscheinlich der freundlichste Mensch, den Kaja jemals kennengelernt hat. Aber auch der zerstreuteste. Und deshalb hofft sie, dass Vanessa jetzt auch das Richtige holt. Also vielleicht erst mal Lappen für das kleine Kaffeemalheur, das Kaja gerade als Pfütze auf dem Boden ausgemacht hat. Und vielleicht noch wichtiger: Wechselklamotten, reichlich Feuchttücher und irgendein Raumspray. Irgendeiner hat die Windel jedenfalls mal so richtig voll.

Kaja weiß beim besten Willen nicht, wo sie sich noch hinsetzen soll. Zumindest nicht, wenn sie dabei weder in einer Kaffeepfütze noch in Kuchenmatsche sitzen will. Also bleibt sie erst mal stehen und wartet, bis sich ein Sitzfenster auftut.

Aus der Vogelperspektive würde es aussehen wie ein Schlachtfeld, glaubt Kaja. Eines, auf dem nicht zwei verfeindete, sondern zwölf Einzelparteien gegeneinander um kostbare Bodenschätze kämpfen. Kekse, Krümel, Bälle, Schnuller. Manchmal geht es ganz offensichtlich auch nur darum, die neuen Waffen namens Schneidezähne mal auszutesten. Für den Moment ist Kaja jedenfalls ganz froh, dass sie steht, und auch Lara schaut etwas verängstigt von ihrem Arm auf diese seltsame Babyparty da unten runter. Als gerade die wuschelhaarige Tochter von irgendjemanden lautstark zu brüllen anfängt, weil ihr das Geburtstagsbaby erst in den Mund gegriffen, sie dieses daraufhin an den Haaren gezogen und es ihr dann wiederum ins Ohrläppchen gebissen hat, klingelt es an der Tür. „Der Gitarrenspieler!", ruft die Gastgeberin. Und in dem Moment muss sich Kaja dann doch erst mal setzen.

Der Gitarrenspieler, ein Musikstudent im geschätzten 28. Semester, schaufelt sich einen Platz frei, setzt sich und kündigt an, drei Lieder spielen zu wollen. „Wie schön, dass du geboren bist", „Meine Oma fährt im Hühnerstall Motorrad" und – welch Freude – „Aramsamsam". Kaja fühlt sich wie sonst nur beim Weihnachtsoratorium. Da kommt das Beste auch am Anfang und vor dem Ende zu gehen, gehört sich nicht. Allerdings sieht es nicht so aus, als ob der Gitarrenmann bis zum Ende durchhalten würde, denn mitten in „Meine Oma fährt im Hühnerstall Motorrad" ziehen sich Geburtstagskind Jonas und zwei seiner Babykumpels an der Gitarre hoch und krallen sich an den Saiten fest. Ein lustiges Spiel, das findet dann jedenfalls auch Kajas Tochter Lara, und versucht, sich gegen die drei Jungs zu behaupten. Drei Sekunden später hat sie einen Ellenbogen im Gesicht, erst weint Lara und dann die Mama von dem Ellenbogen-Schubser („Das macht er sonst nie"). Gastgeberin Vanessa flüstert dem Gitarrenmann dann irgendwas ins Ohr, woraufhin sich dieser verabschiedet.

Als sich Kaja etwa eine Stunde später auch auf den Weg nach Hause macht, rauscht es in ihren Ohren. Die Stille kehrt erst wieder zurück, als Lara schläft und Kaja vor dem Esstisch sitzt und alle Einladungskarten vor sich ausgebreitet hat. Endlich Ruhe, denkt sie. Und dann muss sie sich übergeben.

Diese verdammten Cracker. Noch nicht mal auf Säuglingsgeburtstagen war man vor denen sicher. Und sie fragt sich, wie alt man werden musste, um zu wissen, dass man mit Chips und Salzstangen gar nicht erst anfangen darf, weil man sonst nicht mehr damit aufhören kann.

Nachdem sie Gesicht und Mund mit kaltem Wasser ausgespült hat, ist es erst mal Zeit anzuerkennen, dass 20 Gäste am Ende wahrscheinlich zehn zu viel waren und noch wahrscheinlicher eher 15 zu viel. Und anzuerkennen, dass ihre Erfahrung und das Wissen, wie man wo Bierbuden aufstellen muss und wie diese ausgestattet sein müssten, damit 500 Leute einen guten Abend haben, Kaja hier offensichtlich nicht weiterhelfen würden. Und offensichtlich ist eine 500-Personen-Party auch nichts gegen die Herausforderung, ein Fest für eine Horde krabbelnder Egoisten auszurichten, denen es egal ist, dass prinzipiell genug für alle da ist, weil sie immer exakt das wollen, was der andere gerade hat.

Jedenfalls steht fest: Laras Party müsste irgendwie weniger Massaker und mehr Party sein. Und das würde nur so gehen: weniger Cracker = weniger auf dem Boden, weniger Kinder = weniger Gebrüll und weniger Gebrüll = mehr Zeit zum Anstoßen, Fotosanschauen und Stolzsein.

Kaja hält den Kartenstapel in der Hand. Jetzt einfach mal pragmatisch vorgehen, denkt sie. Die, die noch gar nicht wissen, dass sie eingeladen sind, würden ja schließlich auch keine Karte vermissen. Und zwei anderen könnte sie sagen, dass sie doch nicht feiern würden. Die waren eh gerade nach Pinneberg gezogen. Selber schuld. Und zack, sind nur noch acht Karten übrig geblieben. Damit kann man doch arbeiten!

Party 2: Emilia

Immerhin keine Kinderwagenschlange vor dem Haus, das ist das Erste, was Kaja feststellt, als sie drei Tage später bei Geburtstagsparty Nummer zwei ankommt. Aber es war ja eigentlich auch klar, dass hier alles anders läuft, denkt sie. Uta, die Mama von Geburtstagskind Emilia, ist schließlich eine Kollegin von Kaja und damit auch vom Fach, eine, die weiß, wie man den Laden zusammenhält. Dass Kaja und Uta nahezu zeitgleich schwanger wurden, wurde firmenintern, je nachdem, wen man fragte, als denkbar schlechtes oder denkbar perfektes Timing gewertet. Aber Kaja war es im Grunde egal, ob irgendjemand froh darüber war, dass sich mit ihrer gemeinsamen Abwesenheit die Gesamtzahl der in der Agentur gesprochenen Worte auf einen Schlag halbieren würde. Kaja war damals einfach froh, dass sie und Uta die Elternzeit zusammen verbringen konnten.

Als Kaja im dritten Stock ankommt, ist die Wohnungstür wieder angelehnt. Ansonsten: keiner da. Und so zieht Kaja erst mal sich und Lara die Winterklamotten aus und folgt den Stimmen, die sie im Wohnzimmer verortet.

Kaja grüßt in die Runde. „Hallo, ihr Lieben. Wo ist denn das Geburtstagskind?" Schulterzucken. Die kleine Emilia und Mama Uta waren offenbar schon länger nicht mehr gesehen worden. Und irgendwie kommt es Kaja vor, als sei es die falsche Frage gewesen.

Ansonsten sieht das aber doch nach einer entspannten Zusammenkunft aus, denkt Kaja. Die vier Mütter hängen jedenfalls ziemlich gemütlich auf dem Sofa rum und unterhalten sich, während der Nachwuchs friedlich auf einer Decke davor spielt.

Kaja blickt sich um: Ein paar ältere Herrschaften, die sie nicht genauer zuordnen kann, wuseln geschäftig herum, reichen Kuchen und Kaffee, füllen Sekt nach und räumen benutztes Geschirr ab. Wie nett, denkt Kaja, sicher etwas Unterstützung aus der Familie, das hilft natürlich.

Weil Uta und Emilia immer noch nirgends zu sehen sind, setzt sich Kaja erst mal zu den anderen Müttern und quatscht sich im kajanischen Rekordtempo in das laufende Gespräch über das perfekte Alter, ein Baby zu bekommen. Dabei sind sich alle nur über eines einig: Das perfekte Alter gibt es nicht. Es gibt nur Phasen, die weniger schlecht geeignet sind als andere. Und Kajas etwas höheres Alter kommt entgegen ihrer Annahme gar nicht mal schlecht weg. Nach dem Motto: Wenn das Karrierethema schon erledigt ist, bevor das Kind da ist, fällt der Druck weg, das dann mit Kleinkind noch hinbekommen zu müssen. Da sei vielleicht auch was dran, sagt Kaja, bleibt aber dabei, dass sie lieber die Variante Kind mit Anfang 30 genommen hätte. Auch, weil ihr das viele Grübelfalten erspart hätte, sagt sie und runzelt demonstrativ die Stirn.

In dem Moment betritt Gastgeberin Uta mit einer brüllenden Emilia auf dem Arm den Raum. Uta ist zwar tatsächlich erst Anfang 30, sieht aber heute aus wie Anfang 50, denkt Kaja. Jedenfalls wirkt sie mindestens genauso abgekämpft wie die ältere Frau, die zwei Minuten später im Wohnzimmer steht. Vielleicht ihre Mutter? Oder Schwiegermutter?

Nach wenigen Sekunden ist klar, dass die ältere Frau Heidrun heißt. Jedenfalls beginnt Uta jeden dritten Satz mit „Mensch, Heidrun."

So: „Mensch, Heidrun, ist ja schön, dass eure Kinder früher immer im Kinderwagen geschlafen haben. Das hilft mir jetzt aber auch nicht weiter."

Heidrun: „Du kannst doch auch mal einen Rat annehmen. Aber wir haben ja damals offenbar alles falsch gemacht."

Uta: „Mensch, Heidrun, die Einzige, die damit ein Problem hat, dass Emilia lieber bei mir in der Trage schläft als im Wagen, bist du."

Heidrun: „Ich hab damit kein Problem. Eigentlich hatte ich dir nur angeboten, sie mal eine Runde um den Block zu schieben, damit sie vielleicht mal zur Ruhe kommt."

Uta: „Im Kinderwagen brüllt sie."

Heidrun: „In der Trage auch"

Uta: „Aber das macht sie sonst nicht. Jedenfalls nicht so doll wie im Kinderwagen."

Heidrun: „Ja, weil sie daran nicht gewöhnt ist, das ist alles. Bei uns kamen die Kinder in den Kinderwagen, und gut ist."

„Mensch, Heidrun", sagt Uta jetzt und drückt ihr die brüllende Emilia auf den Arm. „Dann versuch es halt. Wo der Kinderwagen steht, weißt du ja. Aber dann nimm bitte auch meine Mutter mit. Wo ist die überhaupt?"

Heidrun: „Die topft gerade die Küchenkräuter um."

Uta: „Was macht die?"

Heidrun: „Sie meinte, der Salbei bräuchte noch mehr Erde."

Uta: „Aha, der Salbei braucht mehr Erde. Und wo hat sie die Erde her?"

Heidrun: „Die hat dein Vater eben mitgebracht, er war ja eh los, um das Altglas wegzubringen."

Uta: „Ist ja schön, dass ich das auch mal erfahre. Und wo ist mein Mann? Nutzt der die Gelegenheit und räumt mal den Dachboden auf, wenn wir schon mal Gäste dahaben?"

Heidrun: „Ich glaube, der sitzt am Computer. Irgendwas Wichtiges."

Uta, die jetzt erst zu merken scheint, dass alle anderen Gespräche verstummt sind, schaut nun Kaja und die anderen Gäste an, die auf dem Sofa sitzen, und fragt: „Noch jemand einen Sekt?"

Den Rest des Nachmittags verbringt Uta damit, sich einigermaßen zielstrebig zu betrinken. Was wohl auch daran liegt, dass ihre Schwiegermutter ihr nach wenigen Spazierminuten eine Nachricht geschickt hat: „Emilia ist super eingeschlafen. Wir drehen dann mal eine Runde."

Als das Geburtstagskind auch um 17.30 Uhr noch nicht wieder zurück ist, kramt Kaja das Geschenk aus ihrer Tasche und legt es auf den Wohnzimmertisch. „Ich lass das jetzt einfach mal hier", sagt sie, bedankt sich für den schönen Nachmittag und schiebt mit Lara zurück nach Hause.

Auch an diesem Abend sitzt sie wieder vor dem Tisch mit den Einladungskarten. Vielleicht würde es mehr Sinn machen, die Großeltern doch separat einzuladen, überlegt sie. Besonders angesichts dieser absurden Besteckszene an Ostern, als sich ihre Mutter und ihre Schwiegermutter vor der geöffneten Spülmaschine recht energisch darüber austauschten, ob scharfe Messer mitgespült werden dürften oder nicht, ob Gläser besser oben oder unten einsortiert werden müssten und wie herum man das Besteck in die Box einräumt.

Kaja hat das alles mehr oder weniger aus den Augenwinkeln beobachtet und ihr war gar nicht wohl dabei. Besonders, weil beide Frauen ein Messer in der Hand hielten und von Zeit zu Zeit unkontrolliert damit rumfuchtelten.

Konnte sich da nicht eine Generation mal sozusagen final drauf einigen, hatte Kaja noch überlegt. Es kann doch nicht sein, dass erwiesen ist, dass die Erde eine Kugel ist, aber dass es noch zwei Meinungen darüber gibt, ob man das Besteck so oder andersherum einsortiert.

Als Kaja gerade dabei ist, zu überlegen, ob sie das selbst irgendwie mal final für die Nachwelt festhalten sollte, wenn es sonst keiner tut, wird ihr plötzlich wieder sehr übel. Vielleicht sollte sie lieber ein Standardwerk über das Wesen von

Chipsschüsseln schreiben und warum sie am Ende jeder Party leer sind, obwohl alle behaupten, sie nicht anzurühren. Oder ein Standardwerk über Kindergeburtstage? Jedenfalls wäre es wohl die beste Idee, sie würden mit den Großeltern einfach ins Restaurant gehen. Da gibt es keine Besteckkästen und das Bedienen würden andere übernehmen. Im Sich-bedienen-Lassen wiederum, und das fällt ihr jetzt leider wieder ein, sollen Martins Eltern allerdings recht schlecht sein, zumindest wenn es stimmt, was Martin immer erzählt.

Demnach würden nämlich nach Meinung seiner Eltern nur Leute essen gehen, die entweder faul sind oder die zu viel Geld haben. Oder beides. Martin hatte, wie er oft berichtet hat, in seiner Kindheit bei Ausflügen und Wanderungen jedenfalls nie im Restaurant oder Café Rast gemacht, sondern immer nur daneben auf irgendwelchen ollen Bänken.

Als Kleinkind hat es ihn noch fasziniert, wie viele Stullen in die Handtasche seiner Mutter passten. Als größeres Kind hat es ihn genervt, und als Jugendlicher hat er es gehasst. Allein um es seiner Mutter zu zeigen, würde Martin also sicher liebend gern in und nicht neben ein Restaurant gehen. Aber dafür würde es vielleicht noch bessere Anlässe geben als diesen. Und überhaupt: Am besten wäre es wohl, die Großeltern würden einfach separat voneinander kommen.

Als ihre Gedanken sich gerade in einen Beschluss verwandeln, klingelt ihr Telefon. Martin ist dran, der, wie er erzählt, gerade in irgendeinem lauten Restaurant in San José sitzt. Was es Neues gebe? Ach, nichts Besonders, sagt Kaja und erzählt so beiläufig wie möglich von ihrem Kindergeburtstagsmarathon. Martin lacht nur: „Na, dann bin ich ja mal gespannt, was du dir überlegt hast."

Kaja räuspert sich und lässt ihren Blick über das Papphütchen-, Luftballon-, Bällebad-Durcheinander gleiten. Für dieses Gespräch fehlt ihr gerade ganz eindeutig die Kraft. Und dann sagt sie einfach: „Na, dann lass dich mal überraschen."

Nach dem Telefonat legt sich Kaja sofort ins Bett. Ihr ist immer noch schlecht und zum Grübeln ist sie definitiv zu müde. Bis es so weit ist, würde ihr schon noch irgendwas einfallen, denkt sie. Und dann schläft sie ein.

Party 3: Felix

Drei Tage später läuft Kaja wieder mit einem Geschenk in der Tasche durch braune Dezemberpfützen. Es ist – zumindest vorerst – der letzte erste Geburtstag. Und es ist der wichtigste, schließlich ist Felix ihr Patenkind.

Felix' Mama Nathalie ist eine Freundin aus Kindertagen, die irgendwie immer da war. Mal weiter weg, mal näher dran, aber immer da. Und egal, wo es sie für Job oder Studium irgendwohin verschlagen hatte: Bei Nathalie fühlte es sich immer wie zu Hause an.

Was auch daran lag, dass Kaja irgendwann jedes Möbelstück von Nathalie in- und auswendig kannte, weil sie nahezu jedes Teil bei einem ihrer etlichen Umzüge schon mal in der Hand hatte und irgendwo hoch- oder runtergeschleppt hatte. Besonders dieses Ausziehsofa. Kaja hat Nathalie spaßeshalber mal verboten, es jemals zu verkaufen. All die Nächte, die sie auf dem ausgebeulten Ding verbracht hat, weil die Welt mal wieder ungerecht war. Und auch heute gibt es immer wieder Momente, wo Kaja allein der Gedanke daran beruhigt, dass es zur Not immer noch dieses Sofa gibt.

Als Kaja an der Haustür ankommt, wühlt sie in ihrer Tasche nach dem Schlüssel. Sie hat schon seit Jahren einen Zweitschlüssel und kann sich nicht daran erinnern, jemals die Klingel benutzt zu haben. Aber dann entschließt sie sich, dass sie heute mal eine Ausnahme machen würde. Wenn man so richtig offiziell als Gast geladen war, müsste man ja wohl klingeln, findet Kaja, sonst ist man irgendwie kein richtiger Gast, sondern Gastgeber. Also los: Ding dong.

Nathalie empfängt sie überschwänglich an der Tür und pustet energisch in eine Luftschlange. Zwei Minuten später sitzt Kaja mit einer Pappkrone auf dem Kopf auf ihrem geliebten Ausziehsofa am Kaffee-und-Kuchen-Tisch. Vor ihr haben Nathalie und ihr Mann Frederik Platz genommen, die ebenfalls ein Krönchen tragen. Und an den Tischenden sitzen Lara und Geburtstagskind Felix, die nach lautstarkem Protest ihren Kopfschmuck bereits abgeworfen haben.

Kaja rutscht hin und her. War das Sofa schon immer so tief? Oder ist der Tisch vielleicht neu? Die Tischplatte geht Kaja jedenfalls bis zum Hals, und das kommt ihr irgendwie sehr hoch vor. Besonders weil Nathalie und ihr Mann gegenüber auf deutlich normalerer Höhe sitzen. Am höchsten von allen sitzt allerdings Geburtstagskind Felix. Sein bunt geschmückter Tripp-Trapp-Stuhl am Kopfende des Tisches sieht jedenfalls wie ein Thron aus. Aber der kleine König scheint irgendwie nicht so richtig in Feierlaune zu sein.

Zumindest ist Felix' Gesicht in etwa so knallrot wie das Geschenkpapier, mit dem Kaja das Fühlbuch für ihn eingeschlagen hat. „Er hatte eben einen kleinen Schreianfall", sagt Nathalie, die beim genaueren Betrachten auch schon mal weniger rote Flecken am Hals hatte. „Pack mal dein Geschenk von Tante Kaja aus", sagt Nathalie jetzt, startet die Handyvideokamera und drückt auf Aufnahme. Und tatsächlich versucht Felix jetzt, das Papier aufzureißen, was ihm allerdings nicht auf Anhieb gelingt, weswegen er sogleich wieder losbrüllt und dann mit einem Rutsch Kajas Teller und Tasse vom Tisch fegt. Die Kaffeetasse klirrt so laut, dass auch Lara anfängt zu weinen. Nathalie legt das Handy zur Seite und flucht irgendwas Unverständliches. Dann holt sie Felix aus dem Stuhl, nimmt ihn auf den Arm und geht mit ihm den Flur hoch und runter. Kaja bleibt sitzen, tröstet Lara auf dem Sofa und beobachtet Frederik, der immer noch seine Pappkrone trägt, dabei, wie er seinen Laptop rausholt und auf dem Tisch aufklappt.

„Ich hab da mal was vorbereitet", sagt er verheißungsvoll. Heute sei ja schließlich auch ein Tag zum Innehalten, zum Revue-passieren-Lassen, zum Melancholisch-Sein. Und in dem Moment ist auch Nathalie wieder da und zwinkert Kaja vielsagend zu.

Zwei Stunden später hat Kaja die gesamte „Auswahl der schönsten Bilder" aus Felix' erstem Lebensjahr gesehen. Wobei Kaja die meiste Zeit davon darüber nachdachte, wie groß die komplette Fotosammlung sein muss, wenn das die Auswahl war. Sie hatten sich wirklich Mühe gegeben, das konnte man nicht anders sagen. Die wichtigsten „Meilensteine" hatte Frederik stets neben den entsprechenden Fotos vermerkt. So: „Felix hat heute eine halbe Drehung geschafft", „Autsch! Felix' erster Mückenstich", „Felix hat seine Ohren entdeckt", „Felix das erste Mal im Zoo", „Felix das erste Mal am Strand" oder „Felix' erster Festtagsanzug".

Begleitet wurden die Bilder von Ausrufen wie „Schau mal hier" und „Schau mal da, guck mal, wie er das macht!" Kaja hatte sich rasch dafür entschieden, zu schweigen, was auch daran lag, dass sie nach zehn Minuten immer noch beim ersten Monat waren und sie fürchtete, dass jede Reaktion ihrerseits als Aufforderung verstanden werden könnte, weiter ins Detail zu gehen. Als sie beim letzten Bild ankamen, blies Frederik kräftig in die Papiertröte: „Was für ein Jahr, oder? Happy Birthday!"

Wenige Stunden später sitzt Kaja auf der Fensterbank in ihrem Wohnzimmer und blickt aus dem Fenster. Erst jetzt registriert sie so richtig, dass der Winter in Hamburg angekommen ist. Ein seltsam gestaltloser Winter, in dem, wie in fast jedem Jahr, im Grunde alles fehlt, was Winter eigentlich ausmacht: klirrende Kälte, strahlend blauer Himmel, weißer Schnee. Stattdessen einfach nur dasselbe Hamburgwetter wie immer, nur kälter und in anderen Graustufen, der Regen kommt weniger von oben und dafür mehr von der Seite, und mit im Schnitt acht Grad ist man immer entweder zu warm oder zu kalt angezogen.

Das war auch im vergangenen Jahr um diese Zeit so. Da hat Kaja alles darangesetzt, dass der Bauch schon weg sein würde, wenn die Kälte käme. Aber die Kälte war früh dran und das Baby spät. Und weil sich Kaja nicht auf den letzten Metern noch so ein Ungetüm von Jacke kaufen wollte, das über den Neun-Monats-Bauch passt, war sie in den letzten Tagen der Schwangerschaft fast nur noch drinnen geblieben und hatte jeden Tag gehofft, dass es nun endlich losgehen möge. Hauptsache, das Kind würde nicht an Weihnachten kommen.

Das hat sie am meisten beschäftigt. Einfach, weil am 24. Dezember garantiert nie irgendjemand zum Kindergeburtstag käme. Wobei, und das war ihr natürlich auch klar, die anderen Alternativen auch nicht deutlich besser wären. Ob nun der 17., 18. oder 19. Dezember – das machte alles keinen Unterschied.

So richtig gut passen würde es jedenfalls niemandem. Sie sah die Blicke der Eltern schon vor sich, denen sie eine Einladungskarte übergeben würde: Eine Party am 18. Dezember? Noch ein Geschenk besorgen? Könnten die nicht irgendwann nachfeiern? Und überhaupt: Muss man einen ersten Geburtstag überhaupt feiern?

Inzwischen glaubt Kaja, dass die Sorgen überflüssig waren. Einfach, weil ihr Urvertrauen in das, was Mütter in der Zeit erledigen können, in denen Männer auf dem Klo sitzen, in den vergangenen zwölf Monaten ins Unermessliche gestiegen ist. Sie hat Frauen gesehen, die mit zwei Kindern an der Hand drei Einkaufstüten unter dem Arm und einem Handy zwischen Schulter und Ohr eingeklemmt einer alten Dame über die Straße geholfen haben. Die mit vollgespucktem Hemd die besten Vorträge ihres Lebens hielten, weil es Vorträge waren, die ohne ein einziges überflüssiges Wort auskamen. Und sie hat Frauen erlebt, die nach drei Stunden zerstückeltem Schlaf noch immer genug Kraft hatten, sich aufzuraffen und auch aus Regentagen in der Wohnung das Beste zu machen.

Und dann ist Kaja plötzlich klar, dass sie bei ihren Vorbereitungen eines vergessen hat. Nämlich dass es genau einen Geburtstag im Leben gibt, an dem jemand anderes die Hauptrolle spielt als das Geburtstagskind, und zwar: die Mama.

Endlich weiß sie, was sie zu tun hat. Sie nimmt die verbliebenen Einladungskarten und legt sie beiseite. Sie schreibt zwei E-Mails. Eine an Martin und die andere an ihre Freundinnen Nathalie, Uta und Vanessa.

In der Nachricht an Martin schreibt sie, dass sie eine fantastische Idee habe: Sie würden Laras ersten Geburtstag genau ein halbes Jahr später im Sommer im Park feiern. Den anderthalbten sozusagen. Dann wäre das Wetter schöner, die Kinder könnten schon laufen und sie hätten jetzt kurz vor Weihnachten auch keinen Stress mehr. Und: Natürlich würden dann auch seine Eltern kommen und seine Mutter dürfe dann gerne Stullen für alle schmieren. Und am 18. Dezember würden sie sich einfach zu dritt einen schönen Tag machen. Den Abend möge er sich allerdings bitte freihalten, um bei Lara zu bleiben – da hätte sie andere Pläne. Martins Antwort: „Klingt doch super."

Dann kommt die zweite Mail, die an die Freundinnen. Kaja schreibt, dass sie am Abend des 18. Dezember nämlich ihren ersten Mama-Geburtstag feiern würde und darauf anstoßen möchte, dass sie alle schlicht und einfach Unfassbares geleistet hätten in den vergangenen zwölf Monaten. Absagen würden nicht angenommen werden – zumal sie sich sicher sei, dass die besten Papas der Welt an dem Abend selbstverständlich gerne zu Hause bleiben und das Kind hüten. Dass Kaja die Väter dann noch ins CC setzt, versteht sich von selbst.

Es kann ja nicht sein, dass sie zwar eine Kuhherde organisieren kann, aber keinen Partyabend, an dem sie und ihre Freundinnen einfach mal feiern würden, dass sie die großartigsten Mütter der ganzen Welt sind. Einfach, weil es jede von ihnen so gut macht, wie sie eben kann, und weil sie alle irgendwann in diesem verrückten Mama-Universum ihre ganz eigene Bahn gefunden haben, auf der sie in ihrem Stil und Tempo kreisen und mit jeder Runde etwas ruhiger und gelassener dabei werden.

Und darauf müsste man jetzt endlich auch mal anstoßen. Und zwar nicht im Schneidersitz auf dem Boden, mit Milchkaffee in der Hand. Sondern auf Barhockern, mit einem Glas Prosecco. Mindestens.

Als alle Nachrichten geschrieben sind und sich Kaja gerade aufs Sofa fallen lassen will, spürt sie wieder dieses flaue Gefühl im Magen. Dabei hat sie heute doch ganz bestimmt keine Chips gegessen …

Und dann fällt ihr ein, dass mal jemand zu ihr gesagt hat, dass es nicht Morgenübelkeit heißt, weil einem immer morgens schlecht ist, sondern weil einem auch morgen wieder schlecht sein würde. Und übermorgen vielleicht auch noch und dann würde es irgendwann vergehen. Daraufhin muss Kaja ein kleines bisschen lächeln. Es ist ein Lächeln, das so zart ist, dass es von außen niemand erkennen könnte. Eines, das sich in Windeseile über ihren ganzen Körper ausbreitet. Es ist noch gar nicht so lange her, dass mit diesem Lächeln schon einmal alles angefangen hat. Und dann streicht sich Kaja ganz langsam über den Bauch und flüstert: „Auf geht's."

Experten-Tipps zum Stillen, zur Paarbeziehung als Eltern und zur Baby-Gesundheit

Milchstau, Ammenmärchen und schmerzende Brustwarzen

Die Hamburger Stillberaterin Marijke Essink-Argentato (www.mommytomommy.de) beantwortet die wichtigsten Fragen rund um das Thema Stillen.

Welche Vorteile bietet das Stillen?
Muttermilch gilt als die bestmögliche Ernährungsform für Babys. Sie bietet für Mutter und Kind viele gesundheitliche Vorteile und ist perfekt und individuell auf den kleinen Menschen abgestimmt. Darüber hinaus bedeutet Stillen nicht nur Nahrung für das Baby, sondern spendet auch Trost und das Gefühl von Sicherheit und Liebe. Zusätzlich ist Stillen praktisch, umweltschonend und auch günstig.

Welche Faktoren sind ausschlaggebend dafür, dass es mit dem Stillen klappt?
Eine werdende Mama kann schon die Zeit während der Schwangerschaft für die Stillvorbereitung nutzen. Gespräche mit ihrer Hebamme, anderen Müttern in Stillgruppen oder einer Stillberaterin können hilfreiche Informationen vermitteln. Es geht nicht darum, jede Eventualität zu kennen, aber

es kann helfen, wenn man zum Beispiel schon mal gehört hat, wie man das Kind am besten anlegt oder wie die Milchbildung funktioniert.

Grundsätzlich hängt das Stillen mit unterschiedlichen Hormonen bei Mutter und Kind zusammen. Damit sich diese voll entfalten können, ist der Haut-an-Haut-Kontakt zwischen den Eltern und dem Baby eine nicht nur schöne Erfahrung, sondern fürs Stillen auch sehr förderlich. Ein einfacher Rat lautet also: möglichst viel kuscheln.

Was hilft, wenn die Brustwarzen schmerzen?
In der Anfangszeit ist eine gewissen Empfindlichkeit der Brustwarzen normal. Das Gewebe muss sich an die neue Beanspruchung erst gewöhnen. Schmerzen sollte allerdings keine Frau aushalten müssen. Meist ist die Ursache für wunde Brustwarzen, dass das Baby nicht richtig angelegt wird. Aber auch eine bakterielle oder eine Pilzinfektion können Gründe sein. Meist kann eine Hebamme oder Stillberaterin schnell erkennen, woher die Schmerzen kommen, und dann Tipps geben. Salben oder andere Hilfsmittel bringen vielleicht für den akuten Fall eine kurze Linderung, schaffen aber die tatsächliche Ursache nicht aus der Welt.

Was hilft bei einem Milchstau?
Im akuten Fall hilft Bettruhe und viel Hautkontakt für Mutter und Baby. Die Mama sollte in jedem Fall weiterstillen (alle zwei Stunden, auch nachts). Eine warme Kompresse vor dem Stillen kann helfen, das Gewebe weicher zu machen und die Milch besser fließen zu lassen. Nach der Stillmahlzeit kann die

Kühlung der Brust förderlich sein. Wenn sich der Milchstau durch das Stillen nicht auflöst, kann die Brust auch per Hand entleert werden. Allerdings sollte dies eine Fachkraft anleiten. Nach Rücksprache kann ein Schmerzmittel eingenommen werden. Kommt das Problem häufig vor, sollte auch über eine Ernährungsumstellung nachgedacht werden, bei der auf die ausreichende Zufuhr von (mehrfach) ungesättigten Fettsäuren geachtet wird. Wenn die Symptome nach 24 Stunden trotzdem nicht besser werden und sogar grippeartige Symptome dazukommen, sollte die Mutter einen Arzt aufsuchen. Auch um mögliche andere Erkrankungen auszuschließen.

Beim Thema Stillen kommen die Tipps oft von allen Seiten. Manche Frauen empfinden das als anstrengend …
Zum Thema Stillen kursieren viele Ammenmärchen, die Frauen verunsichern können. Eine Mutter sollte eher an sich selbst glauben und auf die Kompetenz ihres Babys vertrauen. Neugeborene Kinder kommen mit allen nötigen Fähigkeiten auf die Welt, gestillt zu werden. Als Mama braucht man da eigentlich nicht viel zu tun, außer es liebevoll dabei zu unterstützen.

Was für Ammenmärchen meinen Sie?
Hier mal eine Auswahl:
- Die Brust ist zu klein oder groß fürs Stillen: falsch! Entscheidend fürs Stillen ist das Drüsengewebe innerhalb der Brust. Die Größe sagt gar nichts über die Menge an Drüsengewebe aus.
- Durch das Stillen bekommt man Hängebrüste: falsch! Die eventuelle Veränderung der Brust ist genetisch bedingt. Sie entsteht durch die Schwangerschaft, nicht durchs Stillen.

Das Stillen selbst hat keinen anhaltenden Einfluss auf die Form der Brüste.
- Stillende Mütter dürfen keine blähenden Lebensmittel essen: falsch! Eine Mutter darf in der Stillzeit alles essen, was ihr bekommt. Es wurde festgestellt, dass blähende Stoffe so gut wie gar nicht in die Muttermilch übergehen. Falls Mütter den Verdacht haben, dass ihr Baby ein Lebensmittel nicht so gut verträgt, sollten sie dieses testweise ein bis zwei Wochen weglassen.
- Stillende Mütter können nicht schwanger werden: falsch! Wann der erste Eisprung bei stillenden Müttern einsetzt, ist sehr unterschiedlich …

Kann jede Frau stillen?
Medizinisch gesehen kann ein nur sehr kleiner Teil der Frauen nicht (voll) stillen. Dies bedeutet aber nicht, dass sie ihrem Baby nicht die Brust geben können. Unterschiedliche Zufüttermethoden mit abgepumpter Milch oder auch künstlicher Säuglingsnahrung sind auch mit engem Körperkontakt möglich. So können Mutter und Kind wenn gewünscht trotzdem eine schöne Stillbeziehung aufbauen.

Können Stilltees, Malzbier oder eine bestimmte Ernährung helfen, damit mehr Milch kommt?
Zwar werden bestimmten Kräutern positive oder negative Effekte auf die Milchbildung zugeschrieben, diese sind aber kaum wissenschaftlich belegt. Erfahrungsgemäß sollte eine Mutter auf hohen Verzehr von Salbei- und Pfefferminztee verzichten, da diese Kräutertees eine milchreduzierende Wirkung haben.

Grundsätzlich sollte sich eine Mama in der Stillzeit ausgewogen und gesund ernähren. Sie braucht auch nicht mehr zu trinken, als Durst vorhanden ist, da eine Flüssigkeitszufuhr von mehr als 2,5 Litern pro Tag eher milchhemmend wirkt. Das Beste, was eine Mutter tun kann, um ihre Milchmenge zu steigern, ist ganz einfach: ihr Baby oft anzulegen. Hier regelt die Nachfrage das Angebot!

Muss ich mein Kind zum Trinken wecken (generell, aber auch besonders auf die ersten Tage bezogen)?
Besonders neugeborene Babys sollten fürs Stillen geweckt werden, falls sie sich nicht von allein melden. In der Anfangszeit regt das häufige Anlegen die Bildung der Muttermilch an. Ein weiterer Aspekt, der sehr wichtig ist: Zwischen acht und zwölf Stillmahlzeiten in 24 Stunden sollten erreicht werden, wobei natürlich auch mehr als zwölf Stillmahlzeiten völlig okay sind. Wenn Mutter und Kind im Verlauf ein eingespieltes Stillteam sind, variiert die Anzahl der Stillmahlzeiten von Kind zu Kind.

Wie lange sollte man stillen?
Nach der weltweit geltenden Stillempfehlung der WHO (World Health Organisation) sollten Babys sechs Monate lang (180 Tage) voll gestillt werden. Danach wird nach und nach geeignete Beikost eingeführt und parallel weitergestillt bis zum Alter von zwei Jahren und darüber hinaus. Aber unabhängig von dieser offiziellen Empfehlung sollten Mutter und Kind grundsätzlich selber entscheiden dürfen, wie lange sie ihre Stillbeziehung genießen wollen.

Wie ein Baby die Partnerschaft verändert

Die Fragen beantwortet Elke Wischmann, Paar- und Sexualberaterin bei pro familia in Hamburg.

Wie verändert ein Baby die Partnerschaft?
Fundamental. Viele Paare, die Beratung bei uns suchen, geben an, dass kaum noch Platz für die Partnerschaft da ist. Wenn ich die Paare frage, wie viel Raum sie in Prozent noch als Paar einnehmen, dann geben nicht wenige null an. Das ist nicht bei allen so ausgeprägt. Aber vor der Herausforderung, dass Zeit, Aufmerksamkeit und Verantwortung neu verteilt werden müssen, stehen alle. Und das ist nicht immer einfach.

Was sind die häufigsten Gründe dafür, dass frischgebackene Eltern irgendwann statt auf Wolke sieben beim Paarberater sitzen?
Viele kommen, weil sie sich sehr häufig streiten. In diesen Wochen und Monaten liegen die Sollbruchstellen einer Beziehung schonungslos auf dem Tisch. Außerdem prallen teils gegensätzliche Vorstellungen und Lebenskonzepte aufeinander, wer nun welche Rollen und Aufgaben übernimmt. Und durch Schlafentzug und Stress fehlt vielen die Kraft, das in Ruhe zu besprechen.

Wie können sich werdende Eltern darauf vorbereiten, damit sie nicht von der Realität überrumpelt werden?
Am besten wäre es, man setzt sich im Vorfeld, also bevor das Kind auf der Welt ist, zusammen und spricht darüber, wie man sich den Alltag und das gemeinsame Leben mit dem Kind vorstellt, ohne sich als Paar zu verlieren. Das kann auch schon sehr

konkret sein. Alles, was vorher geklärt ist, nimmt später Druck aus der Situation.

Was kann man konkret tun, wenn es im ersten Babyjahr kriselt?
Es klingt vielleicht unromantisch, aber es ist wichtig, dass man sich als Liebespaar wiederfindet, und wenn es nicht von allein passiert, dann sollte man sich miteinander verabreden. Das kann ein fester Abend pro Woche sein, an dem Nachbarn, Großeltern oder Babysitter auf das Kind aufpassen. Aber auch ein tägliches Ritual, wie ein gemeinsames Glas Wein am Abend oder ein Tee am Nachmittag. Solche Rituale sind wichtig und nach ein paar Wiederholungen bekommen Paare wieder ein besseres Gefühl füreinander.

Viele Eltern haben Bedenken, ihr Kind schon so früh „abzugeben". Woran liegt das?
In der heutigen Zeit, gerade im städtischen Raum, haben viele das Gefühl, dem Bild einer Übermutter oder eines Übervaters entsprechen zu müssen. Man neigt dazu, sich gerade am Anfang nur noch darüber zu definieren, wie das Kind gedeiht. Dabei profitiert das Kind auch davon, wenn Eltern sich nicht nur als Eltern, sondern auch als Paar verstehen. Aus der Praxis weiß ich: Je mehr die Eltern sich als Liebespaar verstehen, desto besser verstehen sie sich auch als Eltern.

Das mit dem Liebesleben ist ja auch für viele ein heikles Thema im ersten Babyjahr …
Ja. Und leider auch ein Bereich, über den Paare ungern sprechen – dabei sollten sie es unbedingt tun. Schwierig ist, dass

Sex medial häufig in Verbindung mit Leistung und „funktionieren müssen" dargestellt wird. Das setzt Paare unter Druck, gerade jetzt, wenn sie vielleicht häufiger müde sind oder sich die Frau in ihrem Körper nicht richtig wohlfühlt. Auch hier ist es wichtig, in Ruhe zu besprechen, wer welche Wünsche hat, und gemeinsam zu versuchen, Lösungen zu finden, mit denen sich beide wiederfinden und wohlfühlen. Ich merke immer wieder, wie wichtig es ist, dass Paare neu lernen, respektvoll zu verhandeln. Dabei stellen sie eine Win-win-Situation her, genauso in der Sexualität, die dann auch wirklich in ihrem neuen Alltag mit Kind Bestand hat.

Wann muss ich zum Arzt?

Die Hamburger Kinderärztin Annette Lingenauber beantwortet die wichtigsten Fragen rund um das Thema.

Dass Babys manchmal Fieber haben, ist bekannt. Aber wann genau ist Fieber gefährlich?
Fieber ist nicht ab einer bestimmten Höhe gefährlich, Kleinkinder fiebern schnell bis über 40 Grad. Wichtig ist, ob sich das Fieber senken lässt und das Kind dann wieder trinkt und wacher ist. Eine Ausnahme bilden Kinder mit dem Risiko eines Fieberkrampfes – bei diesen Kindern empfehlen wir eine Fiebersenkung ab 38,5 Grad, um einen weiteren Anfall möglichst zu vermeiden.

Was macht man bei einem Fieberkrampf?
Ein erster Fieberkrampf ist erschreckend für Eltern. Beruhigend ist aber, dass die allermeisten Krampfanfälle von allein aufhören – oft mit einer Dauer von weniger als zwei Minuten. Man sollte das Kind so lagern, dass es sich nicht verletzt. Eltern sollten ärztliche Hilfe rufen, damit ein noch bestehender Anfall unterbrochen und nach der Fieberursache gesucht werden kann. Man sollte außerdem ein fiebersenkendes Mittel geben. Falls ein Kind wiederholte Fieberkrämpfe hat, kommen Eltern auch manchmal allein klar, denn sie haben dann ein krampfunterbrechendes Medikament zu Hause. Ein Anfallsstatus – ein mehr als 30-minütiger Anfall – ist extrem selten. Dann sollte in jedem Fall ein Notarzt gerufen werden, der weitere krampfunterbrechende Medikamente verabreichen kann.

Was hilft bei Husten und Schnupfen? (Wie bekommt man die Nase frei?)
Es hilft: viel Flüssigkeit, um den Schleim zu lösen, bei Kindern, die älter sind als ein Jahr, zum Beispiel auch in Kombination mit Fenchelhonig. Um die Nase zu öffnen: Kochsalzlösung – gern wiederholt, abschwellende Nasentropfen und in Absprache mit dem Arzt ätherische Öle als Salben oder Tropfen auf die Kleidung. Auch das Schleimabsaugen bringt Linderung.

Wie können Eltern beim Zahnen helfen?
Zahnen macht nicht immer Probleme. Falls ein Kind sehr unruhig ist, helfen gekühlte Beißringe, kühlendes, schmerzlinderndes Gel, eventuell auch homöopathische Globuli, und wenn das Kind anhaltend Schmerzen hat, auch mal ein Paracetamol- oder Ibuprofen-Zäpfchen.

Was muss ich machen, wenn mein Kind vom Wickeltisch (Sofa etc.) gefallen ist?
Wenn das Kind schreit: trösten, nach sichtbaren Verletzungen suchen. Bei Schnittwunden, deutlichen Blutungen, Schwellungen am Kopf, Fehlstellungen oder starken Schmerzen an Armen oder Beinen: Vorstellung beim Arzt. Ebenso, wenn das Kind nach einem unauffälligen Intervall beginnt zu erbrechen – als Hinweis auf eine Gehirnerschütterung – oder wenn es schläfrig ist. Dann ist das Hinzuziehen eines Arztes rasch nötig! Die allermeisten Stürze verursachen aber nur selbstheilende Prellungen, zum Glück!

In diesem Buch geht es in einer Geschichte auch um das sogenannte „zweite Ertrinken". Was sind Anzeichen dafür? Wann muss ich mir Sorgen machen? Und: Kommt dieses Phänomen wirklich so häufig vor, wie es bisweilen in Foren dargestellt wird?

Ein zweites Ertrinken setzt immer ein erstes Ertrinken voraus – und das ist etwas anderes, als kurz unter Wasser zu sein. Es setzt voraus, dass man so lange unter Wasser war, dass man nicht mehr reflexartig die Luft anhält, sondern Wasser einatmet! Ein solches Kind wird lang und anhaltend husten, eventuell braucht es unmittelbare Hilfe, damit es überhaupt wieder atmet, und danach eine Krankenhausüberwachung. Hier würde ein „zweites" Ertrinken – eine Lungenschädigung durch das eingedrungene Wasser – auffallen. Ein Kind, das wach ist, kurz hustet, sich schüttelt oder schreit, wird zu Hause kein zweites Ertrinken entwickeln. In der Praxis ist diese Frage übrigens noch nie aufgetaucht.

Sind Eltern aus Ihrer Sicht heute durch das Internet verunsicherter als früher, weil die Informationen manchmal schwer einzuordnen sind?

Das würde ich auf jeden Fall bejahen, denn die Flut von Informationen verunsichert die Eltern und sie können schlechter als ein Arzt einordnen, was stimmt, was übertrieben ist und wie häufig manche Erkrankungen – oder eher doch – wie selten sie sind.

Weiterführende Adressen

Stillen
- Die Organisation La Leche Liga (LLL) berät und unterstützt Frauen rund um das Thema Stillen. Ein Blick auf die Seite lohnt sich, hier gibt es viele Informationen. Darüber hinaus bietet LLL auch Beratung am Telefon und per Mail. Weitere Informationen auf www.lalecheliga.de
- Die Homepage des Deutschen Hebammenverbandes www.hebammenverband.de liefert ebenfalls viele Informationen sowie Info-Broschüren zum Download. Umfassend ist auch die Linksammlung, die der Verband zum Thema Stillen, aber auch darüber hinaus zusammengestellt hat.
- Für Frauen, die während der Schwangerschaft und/oder Stillzeit Medikamente nehmen müssen, ist die Seite www.embryotox.de mehr als empfehlenswert. Sie stellt eine große Datenbank zur Verfügung und liefert Informationen, Erfahrungswerte und Empfehlungen. Auch eine individuelle Beratung ist möglich.

Liebe und Beziehung
pro familia ist bundesweit eine gute Anlaufstelle für Paar- und Sexualberatung. Aber auch sonst gibt es fast überall Angebote in der Stadt, die in der Regel niedrigschwellig und kostenfrei organisiert sind, etwa Elternschulen oder Erziehungsberatungsstellen. Das Gleiche gilt für kirchliche Träger – wie etwa die Diakonie und die Caritas –, die vielerorts Hilfe anbieten.

Edel Books
Ein Verlag der Edel Germany GmbH

Copyright © 2020 Edel Germany GmbH
Neumühlen 17, 22763 Hamburg
www.edelbooks.com

Projektkoordination: Svetlana Romantschuk
Lektorat: Judith Schneiberg
Autorenfoto: Marcelo Hernandez
Layout und Satz: Datagrafix GSP GmbH, Berlin | www.datagrafix.com
Umschlaggestaltung: Groothuis. Gesellschaft der Ideen und Passionen mbH | www.groothuis.de
Umschlagillustration: Lena Schaffer
Druck und Bindung: GGP Media GmbH, Pößneck

Alle Rechte vorbehalten. All rights reserved. Das Werk darf – auch teilweise – nur mit Genehmigung des Verlages wiedergegeben werden.

Printed in Germany

ISBN 978-3-8419-0733-2